Engelbert Günthner

Calderons Dramen aus der spanischen Geschichte,

mit einer Einleitung über das Leben und die Werke des Dichters

Engelbert Günthner

Calderons Dramen aus der spanischen Geschichte,
mit einer Einleitung über das Leben und die Werke des Dichters

ISBN/EAN: 9783743618039

Hergestellt in Europa, USA, Kanada, Australien, Japan

Cover: Foto ©ninafisch / pixelio.de

Manufactured and distributed by brebook publishing software (www.brebook.com)

Engelbert Günthner

Calderons Dramen aus der spanischen Geschichte,

Programm

des

K. GYMNASIUMS IN ROTTWEIL

zum

Schlusse des Schuljahres 1884—85.

— —

Calderons Dramen
aus der spanischen Geschichte

mit einer Einleitung

über das Leben und die Werke des Dichters

von

Professor Engelbert Günthner.

1885. Progr Nro. 537.　　　　Rottweil.
M. ROTHSCHILD'S BUCHDRUCKEREI.
1885.

Vorwort.

Den Anstoss zu der vorliegenden Abhandlung gab die Feier des zweihundertjährigen Todestages des spanischen Dichters Don Pedro Calderon de la Barca am 25. Mai 1881, eine Feier, welche nicht nur in Spanien unter allgemeiner Teilnahme der Bevölkerung in glänzender Weise begangen wurde, sondern auch in Deutschland das Andenken des grossen Dichters, der im Anfang unseres Jahrhunderts zuerst durch A. W. von Schlegel und sodann durch das Ansehen Goethes der Vergessenheit entrissen wurde, lebhaft wieder wach gerufen hat. Ursprünglich war beabsichtigt, ausser den Dramen aus der spanischen Geschichte auch die der nicht spanischen Geschichte, namentlich dem Altertum, angehörigen zu behandeln. Allein da es sich nach der Bearbeitung eines Teils derselben zeigte, dass bei einer auch nur einigermassen ausführlichen Behandlung sämtlicher geschichtlicher Dramen Calderons der für ein Programm zur Verfügung stehende Raum bedeutend überschritten worden wäre, so wurden nur die anerkannt vorzüglichen Schauspiele aus der spanischen Geschichte in die Abhandlung aufgenommen, zumal da es zweckmässig erschien, den geschichtlichen Dramen ausser dem Leben des Dichters auch eine gedrängte Uebersicht über dessen sämtliche Werke als Einleitung vorauszuschicken. In Verbindung damit wurde zugleich eine wenigstens annähernd vollständige Angabe der bisher in Deutschland erschienenen Calderonlitteratur angestrebt.

Bei Citaten aus dem spanischen Original wurde die neueste und beste Gesamtausgabe Hartzenbuschs (H.) zu Grunde gelegt und bei den ins Deutsche übersetzten Stücken je die betreffende Uebersetzung von Gries oder Malsburg citirt. Bei wichtigeren Stellen wurde, soweit es der Raum gestattete, der deutschen Uebersetzung auch der spanische Originaltext gegenüber gestellt, um so dem Leser — abgesehen von der Vergleichung mit der deutschen Uebertragung — eine Anzahl Proben der ebenso kraftvollen als wohllautenden spanischen Sprache zu geben, über welche C. A. Dohrn in den Anmerkungen zu seiner Uebersetzung des Calderonschen Lustspiels „No hay burlas con el amor" (Stettin 1880 S. 158 f.) treffend bemerkt: „Die spanische Sprache ist ein wunderbares korinthisches Erz, dessen lateinischem Grundbestandteil Gothen und Araber zwar nur kleine aber scharf charakteristische Ingredienzen beigemischt haben, und es bedarf musikalisch geborener Ohren und sorgfältiger Studien der linguistischen Euphonie, um gerade der Musik des castilianischen Idioms gerecht zu werden. Nicht im mindesten bin ich darüber zweifelhaft, dass diese Prachtsprache eine Blüte der dominirenden Stellung des Spaniens jener Zeit war, und dass sie es den Nachkommen erschwert hat und noch erschweren wird, sich in einer bescheidneren Weltstellung zurecht zu finden".

Möge nachstehende Arbeit wenigstens etwas dazu beitragen, in immer weiteren Kreisen das Interesse für die unsterblichen Werke des spanischen Dichters zu wecken, eines Dichters, auf welchen Alexander Baumgartner in seinem tiefsinnigen Festspiel zum 25. Mai 1881 (Freiburg 1881 S. 35) die ebenso wahren als herrlichen Worte gedichtet hat:

> „Seines Volkes Glaubensmut,
> Seines Volkes Heldentharen,
> Seines Volkes Liederschatz
> Hat sein glühend Herz umfangen,
> Und aus diesem einen Quell
> Ist der Dichtung Strom entquollen.
> Wo wir zweifeln, schaut er sicher,
> Wo wir streben, da besitzt er,
> Wo wir ringen, da geniesst er
> Und erfasst das Alte, Neue,
> Das Einheimische, das Fremde,
> Gott und Welt, Natur und Mensch
> Wie in einem Silberspiegel
> Ungetrübt und makellos."

Einleitung.

Calderons Leben und Werke.

§ 1.
Calderons Leben.

Obgleich Calderon gegenwärtig sowohl in Spanien selbst als im Ausland der bekannteste und gefeiertste unter allen spanischen Dramatikern ist, so hat doch bis jetzt nicht einmal Spanien eine ausführliche Biographie seines grossen Dichters aufzuweisen. Der Grund liegt ohne Zweifel darin, dass weder eine Selbstbiographie Calderons, noch Tagbücher oder ausführlichere Aufzeichnungen seiner Freunde u. a. vorliegen, sondern nur eine kurze, etwas schwülstige und gezierte Lobrede erhalten ist, welche Calderons Freund, Don Juan de Vera-Tassis y Villaroel der ersten Gesamtausgabe von Calderons Comedias voranschickte. Diese Lobrede bildete mit ihren spärlichen Hauptdaten über das Leben des Dichters bis in die neueste Zeit fast die einzige Quelle für seine Lebensgeschichte. Die im Jahr 1840 zu Madrid erschienene „Biografia de Calderon, redactada en presencia de un crecido numero de documentos inéditos por Antonio Jza Zamácola y Villar" bietet trotz des vielversprechenden Titels kaum etwas Neues. Wertvollere biographische Notizen bietet Don Juan Eugenio Hartzenbusch in seinem „Catálogo cronológico de las comedias de Calderon" im 4. Band seiner Calderon-Ausgabe S. 661—682 (Madrid 1850). Die gediegenste Calderonbiographie aber, wenn gleich auch sie sich in engeren Grenzen bewegt, verdanken wir dem gelehrten Spanier D. Felipe Picatoste y Rodriguez, welcher namentlich aus dem Archiv des Conde del Asalto eine Reihe von neuen Daten aus Calde ons Leben geschöpft und seine Forschungen in dem aus Anlass der Feier des 200jährigen Todestages Calderons (25. Mai 1881) erschienenen Prachtwerk: „Homenage á Calderon. Monografias. La vida es sueño". Madrid 1881 unter dem Titel: „Biografia de D. Pedro Calderon de la Barca" p. 7—61 niedergelegt hat. Diese neuen Daten sind um so willkommener, da Calderons Biograph Tassis hauptsächlich auf die Mitteilungen von Calderons Schwester Dorothea angewiesen war, welche von früher Jugend an in der Einsamkeit des Klosters lebte und so manche Einzelheiten aus dem Leben ihres Bruders nicht wohl hatte erfahren können.[1]

Don Pedro Calderon de la Barca wurde am 17. Januar 1600, nicht, wie Vera-Tassis irrtümlich berichtet, am 1. Januar 1601, zu Madrid geboren als der Sohn eines Edelmanns, des Don Diego Calderon de la Barca y Barreda, dessen Geschlecht in dem kleinen und abgelegenen Thal Carriedo am Fuss der Gebirge von Burgos ansässig war, einem Thal, aus welchem auch die Familie von Calderons grossem Vorgänger, Lope de Vega (1562—1635), ihren Ursprung herleitete. Calderons Mutter hiess Doña Maria de Henao y Riano und stammte aus einem edlen aus Flandern (Mons im Hennegau-Henao) nach Castilien verpflanzten Geschlecht, war aber zugleich auch mit den erlauchten Riaños, Infanzonen von Asturien, verwandt. Im Schoss seiner frommen und sittenreinen Familie genoss Pedro mit zwei Brüdern und einer Schwester Dorothea, welche als Nonne im Kloster der hl. Clara zu Toledo ein Jahr nach ihrem Bruder, dem grossen Dichter, starb, eine sorgfältige und tiefreligiöse Erziehung. Kaum neun Jahre alt wurde der hochbegabte und frühentwickelte Knabe von seinen Eltern in das Kollegium der Gesellschaft Jesu zu Madrid geschickt, wo er die damals üblichen Gymnasialstudien, Grammatik, Rhetorik und Poetik, absolvirte. Welch' innige Verehrung und Hochachtung Calderon für seine einstigen Erzieher, die „Padres de la Compañia" und die Gesellschaft Jesu überhaupt hegte, beweist

---

[1] Von deutschen Werken enthalten wohl das reichhaltigste biographische Material über Calderon: Der III. Band der trefflichen „Geschichte der dramatischen Literatur und Kunst in Spanien" von Adolph Friedrich Graf von Schack, Berlin 1846 S. 38 ff. samt dessen Nachträgen zum III. Bd. 2. Ausgabe Frankfurt 1854 sowie der II. Band „der Geschichte der schönen Literatur in Spanien" von Georg Ticknor deutsch von Julius, Leipzig 1867 S. 3 ff. Valent. Schmidt in seinem verdienstlichen Werke „Die Schauspiele Calderons" ergänzt und herausgegeben von Leop. Schmidt Elberfeld 1857 bietet keine zusammenhängende Darstellung von Calderons Leben, sondern nur gelegentlich bei Besprechung der einzelnen Stücke, besonders aber auch in den wertvollen Bemerkungen des Herausgebers S. 505 ff. schätzbare Beiträge zur Biographie. Gedrängte biographische Skizzen enthalten die beiden fesselnd geschriebenen Festschriften von Al. Baumgartner S. J. „Calderon. Festspiel zum 25. Mai 1881" Freiburg 1881 ins Spanische übersetzt durch die „Ciencia cristiana" Madrid 1882 sowie von Dr. Joh. Fastenrath „Calderon de la Barca. Festgabe zur Feier seines 200jährigen Todestages" Leipzig 1881. In einer zweiten begeistert geschriebenen Festschrift „Calderon in Spanien" Leipz. o. J. gibt Fastenrath im Anschluss an die Forschungen von Picatoste S. 286 ff. einige Ergänzungen zur Biographie Calderons. Zu erwähnen sind endlich noch in Bezug auf die Calderonliteratur überhaupt: Die Schrift von Edmund Dorer „Die Calderon-Literatur in Deutschland" Leipzig 1881 sowie A. Baumgartner „Calderon-Literatur" in der literarischen Rundschau Freiburg 1881 Nro. 11 und Dr. F. Loriuser „Don Pedro Calderon de la Barca". Ein Gedenkblatt im literarischen Handweiser Münster 1881 Nr 9 u. 10.

eine Reihe von Stellen in seinen Dramen, wie z. B. in „El sitio de Bredá"[1]), „El gran principe de de Fez"[2]) und besonders in dem Festdrama „El Fenix de España, San Francisco de Borja", das er eigens zur Verherrlichung der Canonisation dieses der Gesellschaft Jesu angehörigen Heiligen am 29. April 1671 verfasste. Als Zeugnis seiner frühzeitigen Reife verdient erwähnt zu werden, dass er bereits im Jahre 1610 als zehnjähriger Gymnasialschüler im Bund mit Luis Belmonte und D. Francisco de Rojas das Drama „El mejor amigo el muerto" (Der beste Freund der Tote) verfasste — der dritte Akt ist von ihm — und im Jahr 1613 das leider verloren gegangene Drama „El carro del cielo ó San Elias" für sich allein schrieb. Erst 15 Jahre alt bezog Calderon, der durch seine rasche Auffassungsgabe seine Altersgenossen weit überflügelte, im Jahr 1615 die Universität Salamanca, nach Vera-Tassis[3]) „die grösste Hochschule der Welt, glorreiche Mutter aller Wissenschaften und der gewaltigsten Genies, welche die Jahrhunderte erleuchteten". Hier widmete er sich 5 Jahre lang mit angestrengtem Fleisse dem Studium der Mathematik, Philosophie, Geographie, Chronologie, Profan- und Kirchengeschichte und beider Rechte.[4]) Als gemütliche Jugenderinnerung ist es wohl, wie Baumgartner[5]) bemerkt, zu betrachten, wenn Calderon in seiner Komödie „Casa con dos puertas mala es de guardar" einen jungen Edelmann sagen lässt:

„Bien os acordáis de aquellas „Wohl erinnerst du dich uns'rer
Felicísimas edades Schönsten und glücksel'gen Zeiten,
Nuestras, cuando los dos fuimos Da wir einst in Salamanka
En Salamanca estudiantes." Beide noch Studenten waren!"

Daneben aber vernachlässigte Calderon auch die Dichtkunst nicht und verherrlichte, wie Tassis berichtet, vor Vollendung seines neunzehnten Lebensjahres durch seine geistreichen Komödien die spanischen Theater; alle diese Jugenddramen sind verloren gegangen.

Als 20jähriger Jüngling verliess Calderon, bereits als Bühnendichter bekannt, die Universität, begab sich nach Madrid und trat hier, wohl einem Wunsche seiner Familie entsprechend, in die Dienste des Herzogs von Alba. In den Jahren 1620 und 1622 nahm er, zugleich mit den ersten damaligen Bühnendichtern, Lope de Vega an der Spitze, an den dichterischen Wettkämpfen teil, welche aus Anlass der

---

[1] Jornada II. escena 16.
[2] Jorn. III. esc. 18.
[3] Die Lobrede des Vera-Tassis ist abgedruckt je im I. Band der Calderonausgaben von Keil und Hartzenbusch
[4] Picatoste a. a. O. p. 12 hält es für wahrscheinlich, dass auch der junge und feurige Calderon von dem damals in Salamanca, dem „Babilonia de filosofos y teologos" herrschenden freien und ungebundenen Leben angesteckt seine studentischen Abenteuer durchgemacht habe
[5] Calderon Festspiel p. XII.

Canonisation der drei Heiligen Isidorus, Ignatius von Loyola und Franziskus Xaverius zu Madrid veranstaltet wurden und gewann dabei 3 Preise; bei dieser Gelegenheit bemerkt Lope, ein Preis sei gegeben worden an „Don Pedro Calderon, der in seinen zarten Jahren die Lorbeeren gewann, welche die Zeit nur ergrauten Haaren zu gewähren pflegt. [1])

Einen Wendepunkt im Leben Calderons bildet das Jahr 1625, in welchem der Dichter, wie einst Cervantes und Lope, in das Heer des Königs eintrat und als Cffizier zuerst vorübergehend im Mailändischen, dann längere Zeit in Flandern diente, so jedoch, dass er mit dem Kriegshandwerk auch die Pflege der Dichtkunst verband, oder, wie Tassis sich ausdrückt, „während er die Lende mit dem Schwerte gürtete, sein Haupt mit Federn schmückte". [2]) Wie lange der Dichter in Flandern diente, lässt sich mit völliger Sicherheit nicht bestimmen. Die Ansicht aller älteren Biographen, dass der Dichter bis zum Jahr 1635 daselbst gedient habe, weist der neueste Biograph Picatoste [3]) mit Recht als jedenfalls unrichtig zurück. Denn es könne, sagt er, unmöglich angenommen werden, dass Calderon, welcher von 1625—1635 etwa 25 seiner vorzüglichsten Dramen, darunter „das Leben ein Traum" schrieb, im Krieg so viele Werke verfasst habe, zumal da einzelne derselben, wie „die Schärpe und Blume" und „Ueber allen Zauber Liebe" auf Ereignisse am königlichen Hof Bezug hatten. Höchst wahrscheinlich diente der Dichter vom Jahr 1625 bis 1628 in Flandern; denn in den Jahren 1626—1628 schrieb er kein einziges Drama, dagegen weist das zur Verherrlichung der Einnahme von Breda, Juni 1625, noch im gleichen Jahr von Calderon verfasste und zu Madrid aufgeführte Stück „El sitio de Bredá" in mehr als einer Hinsicht auf die persönliche Teilnahme des Dichters an der Belagerung hin. Dass aber Calderon zu Anfang des Jahres 1629 in Madrid war, geht aus einer sicher verbürgten Nachricht hervor, wornach er in diesem Jahr den Schauspieler Pedro Villegas, der seinen Bruder Don Diego verwundet hatte, mit dem Schwert in der Hand bis ins Kloster der Trinitarias verfolgte, eine That, welche dem Dichter tadelnde Bemerkungen von Seite des berühmten Fray Hortensio Paravicino in einer von diesem vor Philipp IV. am 11. Febr. 1629 gehaltenen Predigt zuzog. [4])

So wird denn mit grosser Wahrscheinlichkeit angenommen werden dürfen, dass König Philipp IV. den durch sein erstes Stück „El sitio de Bredá" rühmlichst bekannten Dichter bereits zu Anfang des Jahres 1629 oder Ende 1628 aus dem Lagerleben an seinen Hof berief mit dem Auftrag, als Hofdichter für die königliche Bühne

---

Lope de Vega Obras sueltas XII p. 413; über die 3 Preise Calderons vgl. Picatoste p. 13 und 14.

² „Ciñendo la espada el lado, honró su cabeza con las plumas"

³ a. a. O. p. 15 f.

⁴ Picatoste p. 16 f.

im Palast von Buen Retiro thätig zu sein. Jedenfalls aber war Calderons Dichterruhm überraschend schnell begründet, so dass der Vater des spanischen Dramas Lope de Vega, der „Fenix de los ingenios", schon im Jahr 1630 Calderon als seinen ebenbürtigen Nachfolger bezeichnete und im „Laurel de Apolo" (Silva VII) seine hervorstechendsten Eigentümlichkeiten mit den Worten hervorhob:

„En estilo poetico y dulzura   „In poetischem Stil und Süssigkeit
Sube del monte a la suprema altura".   Erstieg er des Berges höchste Höhe."

Und vollends nach Lopes Tod galt Calderon unbestritten als erster Bühnendichter Spaniens.

Am 3. Juli des Jahres 1636 verlieh der König dem Dichter auf seine Bitte [1]) das Ritterkleid von Santiago, die wirkliche Anlegung desselben erfolgte kraft Dekretes vom 28. April des folgenden Jahres.[2]) Als sodann im Jahr 1640 alle Ritter der 4 grossen Kriegsorden den Befehl erhielten, an dem katalaunischen Feldzug teil zu nehmen, folgte auch Calderon als Ritter von Santiago sofort dem Rufe, indem er am 28. Mai 1640 ausgerüstet dastand und am 29. Septbr. in das Heer eintrat.[3]) Hier diente er in der Compagnie seines Gönners, des Herzogs (Conde-Duque) de Olivares, aber nicht, wie die älteren Biographen berichten, bis zum Abschluss des Friedens 1648, sondern wie eine im Besitz des Conde del Asalto befindliche Urkunde[4]) beweist, nur bis zum 15. Novbr. 1642, an welchem Tage er in Folge seines leidenden Gesundheitszustandes den erbetenen Abschied erhielt. Dass der Dichter auch als Soldat, namentlich während des katalaunischen Feldzuges, sich Ruhm erworben hat, zeigt die neuerdings veröffentlichte, in den anerkennendsten Ausdrücken abgefasste „Certification de los servicios militares de Calderon".[5]) So konnte also Calderon die Worte, welche er seinen Ulixes in dem Drama „El mayor encanto amor" (Ueber allen Zauber Liebe) der Zauberin Circe gegenüber sprechen lässt, auch auf sich anwenden:

„Aunque inclinado á las letras   „Zwar geneigt den Wissenschaften
Militares escuadrones   Bin ich in das Feld gezogen;
Segui, que en mí se admiraron   Und man musst' an mir des Degens
Espada y pluma conformes"[6])   Und der Feder Eintracht loben."

---

[1] Die Petition „exposicion autografa" Calderons, in welcher er sich auf den Adel seiner Familie beruft, in der sich auch viele Ritter militärischer Orden befanden, befindet sich im Archivo historico Nacional und ist zum erstenmal abgedruckt bei Picatoste p. 15 ff. Dadurch wird die Angabe der älteren Biographen berichtigt, der König habe dem Calderon das Ritterkleid zur Belohnung für seine militärischen oder litterarischen Verdienste verliehen.

[2] Picatoste p. 18.

[3] Dies beweist die zum erstenmal durch Picatoste p. 18 veröffentlichte Bescheinigung, certificacion, wodurch die bisherige Angabe der Biographen widerlegt wird, dass Calderon vorher auf Befehl des Königs das verloren gegangene Festspiel „Certamen de amor y celos" Kampf der Liebe und Eifersucht vollendet habe und dann erst nachgefolgt sei.

[4] Picatoste p. 20 ff.

[5] a. a. O. p. 46. Es heisst hier u. a.: „Don pedro calderon se señalo y peleo como muy honrrado baliente cavallero."

[6] Jorn. I esc VII.

Nach seiner Rückkehr aus dem Felde vom König mit einem Monatsgehalt von 30 Escudos (Goldkronen) bei der Artillerie angestellt, hatte nunmehr Calderon hinlänglich Musse, sich der dramatischen Kunst zu widmen. Allerdings waren die kommenden Jahre der Entwicklung der spanischen Bühne weniger günstig; denn nach dem 1644 erfolgten Tod der ersten Gemahlin Philipps, Isabella von Frankreich wurden die Bühnen von Madrid auf längere Zeit geschlossen und als nach dem Tod des hoffnungsvollen Kronprinzen Balthasar sich die Trauerzeit erneuerte, liess es der tief betrübte König geschehen, dass die völlige Theatersperre bis zum Jahr 1649 fortdauerte. So erklärt es sich, dass, während in den Jahren 1635—1640 etwa 20 Schauspiele von Calderon verfasst und auf die Bühne gebracht wurden, von 1640—1649 mit Ausnahme zweier im Jahr 1644 entstandenen Stücke kein einziges Drama Calderons sich nachweisen lässt. Erst im Jahre 1649 wurde der Dichter von Alba de Tórmes aus, wo er sich damals beim Herzoge de Olivares aufhielt, durch ein königliches Dekret an den Hof nach Madrid zurückberufen, um den Einzug der neuen Königin Maria Anna von Oestreich durch Entwerfung der Triumphbögen und Beschreibung der Festlichkeiten zu verherrlichen. Als Beweis der anspruchslosen Bescheidenheit des grossen Dichters verdient Erwähnung, dass er die Autorschaft des umfangreichen Werkes, in welchem er den Einzug der neuen Gemahlin Philipps in überaus geschmackvoller Form beschrieb, bereitwillig einem Kammerherrn von Castilien, Lorenço Ramirez de Prado, der mit Calderons Beihilfe die Festlichkeiten anordnete, überliess. Mit dem Jahr 1649, in welchem die Theater wieder freigegeben wurden, beginnt eine neue überaus fruchtbare Thätigkeit für den Dichter, dem von jetzt an die Gunst des Königs bis zu dessen Tod ununterbrochen zur Seite stand. So verfasste denn Calderon in dem kurzen Zeitraum von 1649—1651 nicht weniger als 25 Schauspiele, unter diesen Schöpfungen ersten Rangs, so den ersten Teil „der Tochter der Luft", „die Locken Absaloms" und „den Alkalden von Zalamea".

Im Jahre 1651, also 51 Jahre alt, folgte der ritterliche Dichter dem Beispiel Lopes de Vega und trat in den geistlichen Stand ein, indem er nicht nur dem Zuge seines tiefreligiösen Gemütes sich hingab, sondern auch, wie sein Biograph Tassis[1]) sich ausdrückt, „seinen heissen militärischen Impulsen ein Ziel setzte, indem er sich dem strengsten Dienst des Herrn der Heerscharen widmete". Vielleicht mag auch die Erinnerung an den Wunsch seiner heimgegangenen frommen Mutter mit erneuter Stärke in ihm erwacht sein und in Verbindung mit so mancher Enttäuschung und bitterer Erfahrung des Lebens die Sehnsucht nach Ruhe und Frieden den Entschluss in ihm zur Reife gebracht haben. Calderon ist — im Gegensatz zu Lope — niemals verheiratet ge-

[1] Con que atajo aquellos ardentisimos impulsos militares, dedicandose al mas forzoso obsequio del Señor de los ejercitos.

wesen, er hatte nicht wie dieser sittliche Vergehungen der Jugend zu büssen; wenigstens ist nichts derartiges bekannt und nur eine Bemerkung des Dichters in einer Romanze,[1]) dass er an der linken Schläfe eine Narbe habe, welche ihm die Eifersucht beigebracht, lässt darauf schliessen, dass auch er den Einflüssen einer leichtfertigen Umgebung nicht immer erfolgreichen Widerstand geleistet habe. Seine innige Religiosität aber leuchtet aus einer Reihe von Werken aus der Periode vor seinem Eintritt in den Priesterstand hervor; es sei hier nur erinnert an die herrlichen religiösen Dramen „den weiblichen Joseph", „die beiden Liebenden des Himmels", „die Morgenröthe von Copacabana" und besonders an das im Frühling seines Lebens verfasste Schauspiel „die Andacht zum Kreuze." So kann uns also der Entschluss des Dichters nicht befremden und wir brauchen zur Erklärung desselben nicht einmal mit Picatoste[2]) eine langsame und unatürliche Umwandlung des Geistes, des Lebens und Gefühls nach einem bewegten Dasein anzunehmen.

Zwei Jahre nach seinem Eintritt in den Priesterstand 1653 zog sich der Dichter nach Toledo zurück, wo ihm der König an der dortigen Kathedrale ein Beneficium an der berühmten Kapelle „de los reyes nuevos" verliehen hatte. Hier blieb er bis zum Jahr 1663, in welchem ihm der König, um ihn wieder in seine unmittelbare Nähe zu ziehen, eine zweite Kaplaneistelle am königlichen Hof übertrug. Zugleich vermehrte der König die Einkünfte beider Stellen durch eine Pfründe in Sicilien, um dem auf zeitlichen Gewinn wenig oder gar nicht bedachten Dichter eine sorgenfreie und unabhängige Stellung zu verschaffen. Noch im gleichen Jahr 1663 trat Calderon in die Priestercongregation des hl. Petrus in Madrid ein, wurde bereits 1666 zum Grosskaplan „capellan mayor" derselben erwählt und bekleidete dieses wichtige Amt bis an seinen Tod, wobei er es, wie Augustin de Lara[3]) bemerkt, „verstand, durch Demut und Klugheit die Pflichten eines gehorsamen Kindes und eines liebevollen Vaters mit einander zu vereinigen." Auch nach seinem Eintritt in den Priesterstand fuhr Calderon, nachdem er eine Zeit lang geschwankt, ob das Priesteramt mit der Poesie vereinbar sei, fort zu dichten, verfasste aber von jetzt an nur auf Befehl des Königs weltliche Stücke, wie den zweiten Teil „der Tochter der Luft" und mehrere mythologische Festspiele. Den weitaus grössten Teil aber seiner letzten mehr als 30jährigen dichterischen Thätigkeit verwandte er im Einklang mit seinem geistlichen Stand und seiner tief religiösen Gesinnung auf die Abfassung der geistlichen Fest- oder Sakramentspiele (Autos sacramentales) zur Verherrlichung

---

[1] „En la sien izquierda tengo cierta descalabradura, que al encage de unos celos vino pegada esta punta. Picatoste p. 22.

[2] a. a. O. p. 31. „Veríficose en el una lenta y natural transformacion del espiritu, de la vida, del sentimiento, que busqualan la paz y la calma tras de una existencia agitada."

[3] Im „Obelisco funebre Madrid 1684 vgl. Ticknor-Julius a. a. O. II, 7.

des Fronleichnamsfestes zu Madrid, längere Zeit auch für Toledo, Granada und Sevilla, eine Thätigkeit, welche Calderons höchsten Dichterruhm begründete. Der am 17. Septbr. 1665 erfolgte Tod seines königlichen Gönners Philipp IV. war allerdings für die spanische Litteratur und wohl auch für Calderon, dem dieser Tod fast einen Freund raubte, ein schwerer Schlag, da Philipps Nachfolger Karl II. eine von seinem Vorgänger ganz verschiedene Richtung einschlug und so auch dem Dichter in geringerem Masse seine Gunst zugewandt zu haben scheint. Allein wenn auch in Bezug hierauf der Geschichtschreiber Solis von Calderon sagt: „Er starb ohne Maecen,[1]) so dauerte doch sein Verhältnis zum Hof fort. „Man sieht zwar heutzutage, klagt der Dichter Moreto um diese Zeit in einem Lustspiel, wenige neue Komödien, und nur von Zeit zu Zeit die eine oder andere von einem Dichter, der auf höhere Weisung schreibt. Dieser freilich, — ich meine Calderon — dichtet mit solchem Geschick und solcher Originalität, dass er stets sich selber zu übertreffen scheint.[2])

Ausserordentlich spärliche Nachrichten sind über die letzten 30 Lebensjahre des grossen Dichters überliefert worden: „Wie der weisse Schwan, so sagt mit einem schönen Vergleich über ihn D. Patricio de la Escosura,[3]) der an einem heissen Tag auf den stillen Wassern eines friedlichen Sees ruhig nach dem schattigen Ufer schwimmt", so schritt Calderon still und ruhig, nur seinem priesterlichen Beruf und den Musen lebend, dem sicheren Hafen seiner Lebensfahrt, dem Grabe zu. Bei dem Mangel an interessanteren und bestimmteren Nachrichten aus dem Leben des Dichters mag eine von Schack[4]) mitgeteilte Stelle eines alten im Jahr 1669 erschienen französchen Reisewerkes[5]) zugleich als Curiosität hier Erwähnung finden: „Abends (erzählt der Reisende) kamen der Marquis von Cliche, ältester Sohn des D. Luis de Haro und Monsieur de Barrière zu mir und führten mich ins Theater. Die Komödie, welche schon früher aufgeführt, aber jetzt neu einstudiert worden war, taugte nichts, obgleich sie Don Pedro Calderon zum Verfasser hatte. Später machte ich auch einen Besuch bei diesem Calderon, welcher für den grössten Dichter und das ausgezeichnetste Genie im heutigen Spanien gilt. Er ist Ritter des Ordens von St. Jago und Kapellan an der Kapelle der Königin zu Toledo; aber aus seiner Unterhaltung entnahm ich, dass es um seine Kenntnisse schlecht bestellt war. Wir disputirten eine Zeit lang über die Regeln des Schauspiels, welche man in diesem Lande nicht kennt und welche die Spanier verhöhnen."

---

[1] „Murio sin Mecenas" so heisst es von ihm in der Druckerlaubniss des eben angeführten Obelisc vom 30. Oktober 1683.
[2] vgl. Baumgartner a. a. O. S. XXXIV.
[3] vgl. Lastenrath „Calderon de la Barca" S. 48.
[4] a. a. O. III, 43.
[5] Boisel, Journal du voyage d'Espagne. Paris 1669 p. 298.

Am Pfingstsonntag den 25. Mai 1681 starb Calderon zu Madrid in einer bescheidenen fast ärmlichen Wohnung nahe beim ehemaligen Thor von Guadalajara. Am folgenden Tag wurde sein Leichnam seiner Anordnung gemäss ohne alles Gepränge von den Priestern der Congregation des hl. Petrus, welche er in seinem Testament[1]) zur Universalerbin seines Vermögens eingesetzt hatte, in der Kapelle „San Salvador" beigesetzt. Nicht bloss in Madrid und allen bedeutenderen Städten Spaniens, auch in Lissabon, Neapel, Mailand und Rom betrauerten Calderons Landsleute sein Hinscheiden öffentlich als ein Unglück für die ganze Nation. „Unser Freund Don Pedro Calderon, schreibt der berühmte Geschichtsschreiber Don Antonio Solis[2]) an seinen Freund, Don Alonso de Carnero vom 11. Juni 1681 ist eben gestorben und schied, wie man sagt, dass es der Schwan thut, singend von hinnen; denn er that alles, was er vermochte, selbst als er in unmittelbarer Todesgefahr schwebte, um das zweite Auto für das Fronleichnamsfest zu beenden." Als Beweis aber für die überschwengliche Bewunderung, mit welcher die Zeitgenossen den Dichter zu Grabe trugen, mögen die, wie Schack[3]) richtig bemerkt, zwar pomphaften, aber einen tiefen Sinn bergenden Worte dienen, mit welchen Vera-Tassis die Lobrede auf seinen Freund beschliesst:

„Das war das Orakel unseres Hofes und der Neid der Fremden, der Vater der Musen, der Luchs der Gelehrsamkeit, das Licht der Bühnen, die Bewunderung der Menschen, er, der stets mit den seltensten Tugenden geschmückt, dessen Haus der allgemeine Zufluchtsort der Bedürftigen war. . . . . Das endlich war der Fürst der castilianischen Dichter, welcher Griechen und Römer in seiner geweihten Poesie wieder aufleben liess; denn er war im Heroischen gebildet und erhaben, im Moralischen gelehrt und spruchreif, im Lyrischen anmutig und beredt, im Heiligen göttlich und sinnvoll, im Liebevollen edel und schonend, im Scherzhaften witzig und lebendig, im Komischen fein und angemessen. Er war sanft und wohlklingend im Vers, gross und zierlich in der Sprache, gelehrt und feurig im Ausdruck, ernst und gewählt in der Sentenz, gemässigt und eigentümlich in der Metapher, scharfsinnig und vollendet in den Bildern, kühn und überzeugend in der Erfindung, einzig und ewig im Ruhm."

---

[1] Das im Notariatsarchiv von Madrid aufbewahrte und zum erstenmal in der Biografia des Picatoste p. 53—60 edirte Testament Calderons, ebenso umfangreich wie denkwürdig als Beweis der tiefen Frömmigkeit des Dichters beginnt mit den Worten „En el nombre de la Santisima Trinidad Padre, Hijo y Espiritu Santo; tres personas distintas y un solo Dios Todopoderoso y de la Inmaculada en su primer instante Purisima Maria."

[2] Cartas de A. Solis Lyon 1733 S. 75.

[3] a. a. O. III, 44.

Ein Jahr nach des Dichters Tod 1682 setzte ihm die Congregation einen Grabstein, welchen eine lateinische Inschrift zierte mit dem ernsten Sinnspruch:

„Nec regum plausu fide nec ingenio."

„Vertraue nicht auf Königsgunst, nicht auf Genie."

Nachdem sodann im Jahr 1840 die Gebeine Calderons in die prächtige Klosterkirche unserer lieben Frau von Atocha versetzt worden waren, haben sie am 22. April 1880 in der Kirche der Congregacion del glorioso apóstol San Pedro, de los Presbíteros naturales de Madrid, in dem Gemach vor der Sakristei der Hospitalkirche der Calle de la Torrecilla de Leal ihre letzte Ruhestätte gefunden. Die Kongregation, deren Vorstand Calderon im Leben gewesen war, hütet die Gebeine und besitzt das Bild [1]) des Dichters, welcher sich durch eine merkwürdige bis in sein hohes Alter bewahrte Schönheit auszeichnete. Endlich wurde auch noch eine herrliche Statue [2]) des Dichters, aus weissem Marmor in italienischem Renaissancestil von Figueras in Rom gefertigt, am 2. Jan. 1880 auf dem Platz der Santa Anna zu Madrid feierlich eingeweiht. Das Postament des Denkmals schmücken vier broncene Basreliefs, welche die letzten Scenen von „La vida es sueno", „El Alcalde de Zalamea", „El escondido y la tapada" und „La danza de la muerte" als Vertreterinnen der vier vom Dichter gepflegten Hauptgattungen der Poesie repräsentiren.

Die Worte des römischen Dichters, welche Vera-Tassis am Schluss seiner Lobrede auf den grossen spanischen Dichter anwendet, mögen auch hier zum Schluss ihre Stelle finden:

„Te celebrant alii quanto decet ore, tuasque
Ingenio laudes uberiore canunt.
Ovid trist II, 73 und 74.

§ 2.
Calderons Werke.

Calderons Werke zerfallen in 2 deutlich von einander geschiedene Hauptklassen, in weltliche Bühnenstücke oder Comedias, mit welchem Wort der Spanier nicht bloss Lustspiele, sondern auch Schau- und Trauerspiele bezeichnet, und geistliche Fest- oder Sakramentsspiele, Autos sacramentales.

A) Calderons weltliche Bühnenstücke (Comedias).

Eine vollständige Liste von Calderons Comedias liegt nicht einmal von dem Dichter selbst vor, den eine von unsern Zuständen sehr abweichende Scheu vor dem Druckenlassen weltlicher, ja selbst geistlicher Schauspiele abhielt, eine Scheu, welche, wie mit Recht bemerkt wurde[1], rein im Geiste des Mittelalters ist, von dessen herrlichsten Kunstwerken deren Erfinder und Meister uns demutsvoll ihre Namen verschwiegen haben. „Jedermann ist bekannt, sagt Lara in der Vorrede zu seinem Obelisk, dass Don Pedro niemals eines seiner Schauspiele (Comedias) drucken liess und dass diejenigen, welche gedruckt wurden, gegen seinen Willen erschienen sind". Gegen seinen Willen allerdings erschienen schon im Jahr 1633 Schauspiele von Calderon in den für das Volk bestimmten Sammlungen; im ganzen erschienen vor des Dichters Tod 48 echte Comedias gesammelt im Druck, 4 Bände mit je 12 Schauspielen.[2] Viele Comedias aber, welche unter Calderons Namen gedruckt wurden, rührten gar nicht von ihm her, ja Vera-Tassis führt nicht weniger als 115 Schauspiele an, welche durch die Habsucht der Buchhändler fälschlich als Calderon'sche erschienen sind. Als auf diese Weise die Verwirrung hinsichtlich der echten Stücke des Dichters immer grösser geworden war, schrieb endlich am 18. Juni 1680 der Herzog von Veraguas, das Haupt der Nachkommen des Columbus und Statthalter des Königreichs Valencia an Calderon einen Brief[3], worin er ihn um ein Verzeichnis seiner Schauspiele bat, das ihm als Freund und Bewunderer zur Richtschnur diene, um eine Sammlung derselben zu veranstalten. In seiner Antwort nun vom 24. Juli 1680 beklagt sich der Dichter bitter über das Verfahren der Buchhändler und Buchdrucker: — „nicht zufrieden,

---

[1] Ticknor a. a. O. II, 10 Anmerkung des Uebersetzers und Herausgebers Julius.
[2] Der I. Band erschien 1635, II. 1637, III. 1664 u. IV. 1672.
[3] Der für Calderon wie für den Herzog gleich ehrenvolle Briefwechsel findet sich in Lara's Obelisco und in Huerta, Teatro Hespanol Madrid 1785 Teil II Band 3. Die deutsche Uebersetzung desselben durch von der Malsburg im III. Bd. seiner Calderonübersetzungen Leipz. 1820 s. XXXV ff. ist auch bei Schack III, 473 ff. abgedruckt.

schreibt er unter anderem, meine schlecht ausgefeilten und fehlerhaften Werke ohne meinen Willen ans Licht zu ziehen, bürden sie mir auch noch die fremden auf, als wenn ich an meinen eigenen Irrtümern nicht genug hätte, und selbst diese geben sie schlecht abgeschrieben, schlecht korrigirt, mangelhaft und unvollständig" — und übersendet dem Herzog ein Verzeichnis von 111 vollständigen Schauspielen, deren Autorschaft er für sich in Anspruch nimmt. Allein auch in diesem wahrscheinlich nur flüchtig hingeworfenen Verzeichnis fehlen 6 unzweifelhaft echte Schauspiele des Dichters, nämlich „La Señora y la criada", „Nadie fie su secreto", „Las tres justicias en una", „Cefalo y Pocris", „La Sibila del Oriente" und „Las cadenas del demonio" sowie vier andere von Tassis als echt bezeichnete Stücke[1]), so dass die Zahl der wirklich von Calderon verfassten Comedias sich auf 121 belaufen dürfte. Ausserdem verfasste Calderon nach dem Zeugnis des Vera-Tassis — abgesehen von den Autos — 200 Loas oder Vorspiele (weltliche und geistliche), 100 verschiedene Sainetes (Zwischen- oder Nachspiele); ein weitläufiges Gedicht über die 4 letzten Dinge, eine Abhandlung über den hohen Wert der Malerei, einen andern zur Verteidigung des weltlichen Dramas und endlich eine Unzahl von Canzonen, Sonetten, Romanzen und anderen Gedichten.

Was nun aber die erste in Spanien veranstaltete heute sehr seltene Gesamtausgabe der Comedias anlangt, welche dadurch entstand, das Tassis den bereits früher erschienenen 4 Bänden aus dem Nachlass des Dichters 5 weitere Bände in den Jahren 1682, 1683, ?, 1687 und 1698 folgen liess (neu aufgelegt zu Madrid 1723), so enthält dieselbe nur 108 Stücke. Die zweite bekanntere Gesamtausgabe, welche Don Juan Fernandez de Apontes zu Madrid 1760—1763 in 11 Bänden veranstaltete, enthält die gleichen 108 Dramen, nur in veränderter Reihenfolge.

Ungefähr um die nämliche Zeit, da diese zweite Ausgabe in Spanien erschien, drängte sich mit den Bourbonen auch das Franzosentum in der spanischen Litteratur ein und so kam es, dass unter dem Einfluss der französelnden, angeblich aristotelischen Grundsätze der Kritik Calderon bei seinen Landsleuten immer mehr in Vergessenheit geriet, und seine Werke in der zweiten Hälfte des 18. und den 2 ersten Decennien des 19. Jahrhunderts fast ganz auf dem Repertoire der spanischen Bühnen verschwanden. Merkwürdigerweise war es ein in Spanien eingewanderter Deutscher aus Hamburg, Joh. Nicol. Boehl de Faber[2]), welcher eigentlich wieder zuerst den grossen Dichter seinen Landsleuten vorführte. „Jammervoll, so schreibt Boehl im

---

[1] vgl. Schack III 279.
[2] Ausführliche Lebensnachrichten über diesen um die span. Litteratur namentlich durch seine „Floresta de Rimas antiguas Castellanas" hochverdienten Mann 1770—1836 finden sich bei Ticknor a. a. O. II. 641—656 besorgt vom deutschen Herausgeber (1. Beilage.

Jahr 1819 an den jüngeren Campe[1]), ist der Gemütszustand der jetzigen Spanier. Von dem französischen Witze geblendet und von der französischen Vernünftelei bestochen, zwingen sie sich alle, unsere Poesie zu verachten und der unglückliche Hang, gelten zu wollen, aufgeklärt zu scheinen, sich über das Gewöhnliche und Gemeine zu erheben, hat sich in den Städten unter allen Klassen verbreitet, und einen bis an Hass grenzenden Widerwillen gegen alles Nationale erzeugt, der die Empfindung des unbefangenen Zuschauers aufs peinlichste quält. Von dem jetzigen Geschlecht ist in dieser Hinsicht keine Besserung zu erwarten, da der Spanier nicht weniger hartnäckig auf Irrtümern besteht, als er im Rechte beharrlich ist. Ich arbeite daher im eigentlichen Sinn für die Nachwelt, darum aber nicht weniger eifrig." Und in der That hat der edle Boehl de Faber namentlich in Bezug auf Calderon nicht erfolglos für die Nachwelt gearbeitet: er veröffentlichte eine Reihe von Artikeln in Flugblättern und Zeitungen zu Gunsten Calderons, gab dieselben als Verteidigung Calderons 1820 zu Cadix heraus unter dem Titel: „Vindicaciones de Calderon y del teatro antiguo español contra los afrancesados en literatura, recogidas y ordenadas", und die Folge war, dass nach und nach wieder die vergessenen Stücke Calderons, Moretos und anderer älterer Dichter auf den Bühnen Spaniens, besonders zu Cadix, aufgeführt wurden. Boehl selbst aber erhielt die glänzende Genugthung, dass er am 20. April 1820 von der spanischen Akademie zu ihrem Ehrenmitglied ernannt wurde, eine Auszeichnung, welche bis dahin noch keinem Deutschen zu teil geworden war.

Während sich so in Spanien allmählich eine gerechtere Würdigung der Werke Calderons anbahnte, hatte schon vorher der Romantiker August Wilhelm von Schlegel in seiner Dramaturgie 1809 den spanischen Dichter in Deutschland der Vergessenheit entrissen und die ersten Uebersetzungen desselben geliefert.[2]) Noch mehr aber trug zum Bekanntwerden Calderons das Ansehen Goethes[3]) bei, der bald nach dem Erscheinen der Schlegelschen Uebersetzung „des standhaften Prinzen" denselben mit dem glänzendsten Erfolg am Weimarer Musenhof zur Aufführung brachte und nach der Aufführung die Bemerkung machte, „durch Calderon werde der deutschen Bühne ein ganz neues Terrain gewonnen". Seine Stücke, sagt er ferner,[4]) sind durchaus bretterrecht, es herrscht in ihnen kein Zug, der nicht für die beabsichtigte Wir-

---

[1] vgl. Stimmen aus Maria-Laach Freiburg 1877 Bd. XIII. S. 296 Artikel von W. Kreiten „Fernan Caballero" Tochter Boehls.

[2] 5 Schauspiele in 2 Bden. Berlin 1809; neue Ausgabe Leipzig 1845.

[3] Die Beziehungen Goethes zu Calderon behandelt Edmund Dorer in seiner kleinen Festschrift „Goethe und Calderon". Gedenkblätter zur Calderonfeier. Leipzig 1881 S. 3—28

[4] Eckermanns Gespräche mit Gothe. Leipz. 1837 I, 151.

— 16 —

kung kalkulirt wäre. Calderon ist dasjenige Genie, das zugleich den grössten Verstand hatte."

„Herrlich ist der Orient
Uebers Meer gedrungen;
Nur wer Hafis liebt und kennt,
Weiss was Calderon gesungen."

Goethes Einfluss ist es wohl auch zuzuschreiben, dass der Weimarsche Hofrat Dr. Johann Georg Keil auf Grund der beiden ersten in Spanien edirten Ausgaben die erste Gesamtausgabe von Calderons Comedias in Deutschland besorgte; dieselbe erschien in den Jahren 1827—1830 zu Leipzig in 4 Bänden bei Ernst Fleischer und enthält die sämtlichen 108 echten Schauspiele des Dichters samt dessen Bildnis und der Lobrede des Vera-Tassis.

Endlich sollte auch in Spanien selbst eine und zwar die beste und bis heute vollständigste Ausgabe der Comedias Calderons erscheinen. Diese Ausgabe, welche auf einer grossen Anzahl älterer Drucke und Manuskripte beruht, verdanken wir dem als Bühnendichter und Herausgeber altspanischer Dichterwerke hochverdienten Juan Eugenio Hartzenbusch[1]); dieselbe erschien in den Jahren 1848—1850 in 4 Bänden als Band 7, 9, 12 und 14 der bekannten „Biblioteca de autores españoles" von Rivadeneyra und enthält ausser den obigen 108 noch 4 nach Hartzenbusch von Calderon herrührende Stücke, nämlich San Francisco de Borja, La venganza de Tamar, El acaso y el error und El condenado de Amor; sodann 11 Schauspiele, welche Calderon nach der damals herrschenden Sitte in Verbindung mit andern verfasste, 9 Entremesas (Zwischenspiele), 2 Mojigangas, 3 Jácaras entremesadas und mehrere kleinere Poesien Calderons. Ausserdem enthält das Werk im 1. Band 20 biographische und kritische Artikel verschiedener Autoren über Calderon und seine Werke, sowie im 4. Band einen Catálogo cronológico de las comedias de D. Pedro Calderon," durch welchen Hartzenbusch die Forschungen über das Datum der Abfassung, Aufführung und Drucklegung einer Reihe von Calderons Dramen wenn auch nicht zum Abschluss gebracht, so doch wesentlich gefördert hat, und endlich eine grosse Anzahl wertvoller Noten und Erläuterungen zu verschiedenen Dramen des Dichters.[2])

---

[1] Geb. 6. Sept. 1806 zu Madrid als Sohn eines aus der Nähe von Köln nach Spanien eingewanderten Deutschen und gestorben 2. August 1880 zu Madrid als Director der dortigen Nationalbibliothek.

[2] Erwähnung verdienen noch die neuerdings in Deutschland erschienenen Einzelausgaben einiger Comedias Calderons. Es sind nur 3 Stücke „El principe constante" und „La vida es sueño" mit deutschen Anmerkungen versehen von B. Lehmann Frankfurt, Sauerländer 1877 und 1880 und die gleichen 2 Stücke herausgegeben und erklärt von M. Krenkel Leipzig 1881 sowie „El mágico prodigioso" publiée d'après le manuscrit original de la bibliothèque du duc d'Osuna par Alfred Morel-Fatio, Heilbronn Henninger 1877, und endlich das gleiche Drama „der wunderthätige Zauberer", herausgegeben und erklärt von Max Krenkel, Leipzig Barth 1885.

Was die **Einteilung** von Calderons Comedias anlangt, so ist dieselbe mit manchen Schwierigkeiten verbunden, da eine Reihe von Stücken einer ganz bestimmten und zuverlässigen Classifikation widerstrebt und mit grösserer oder geringerer Berechtigung bald dieser bald jener Klasse beigezählt werden kann. Eine klar abgeschlossene Gruppe bilden eigentlich nur die mythologischen Dramen. So sind denn auch Calderons Schauspiele von verschiedenen verschieden eingeteilt worden. Der erste, der in Deutschland eine Classification derselben lieferte, ist Valentin Schmidt, der im Anzeigeblatt der Wiener Jahrbücher von 1822 (N. 17 und 18) einen längeren Aufsatz schrieb: „Kritische Uebersicht und Anordnung der Dramen des Calderon de la Barca." Nach dieser Einteilung, welche auch in das bereits erwähnte umfangreiche und bedeutende Werk Val. Schmidts „die Schauspiele Calderons" übergegangen ist, zerfallen die 108 echten Dramen in folgende 10 Klassen:

1) in 26 Intriguenstücke (comedias de capa y espada)
2) 21 heroische Schauspiele im engeren Sinn,
3) 10 Schauspiele aus der spanischen Geschichte und Sage,
4) 10 „ „ „ alten oder neuen Geschichte, romantisch umgebildet,
5) 6, deren Inhalt sich an ältere Romane und Gedichte anschliesst,
6) 17 mythologische Festspiele, worin die Fabeln der alten Mythologie umgebildet sind.
7) 1 Burleske oder Karrikatur derselben.
8) 4 symbolische Dramen,
9) 8 geistliche Schauspiele (comedias divinas) und
10) 5 Dramen aus der Heiligenlegende.

Eine etwas andere, namentlich in Bezug auf die Anordnung der sog. heroischen Dramen abweichende Gruppierung gibt Schack im 3. Band seines Werkes. Er unterscheidet zuerst 14 geistliche Schauspiele (San Francisco de Borja eingeschlossen) denen er 2 symbolische „la vida es sueño" und „la estatua de Prometeo" anreiht, sodann 10 aus der spanischen, 1 aus der portugiesischen Geschichte und 9 Schauspiele, deren Stoff aus den Geschichten des Altertums oder aus denen der fremden Völker neuerer Zeit entnommen ist. Die 2 Teile „der Tochter der Luft", welche Schmidt unter den symbolischen, andere unter den rein historischen Dramen aufführen, stellt Schack in die Mitte zwischen die historischen und mythologischen Schauspiele, deren er 16 aufführt. Den mythologischen reiht er 7 Schauspiele an, deren Inhalt der Dichter aus älteren Romanen und Gedichten geschöpft hat. Darauf lässt er 21 Dramen folgen, welche nach ihm auf freier Erfindung Calderons beruhen, unter diesen 17, welche er mit dem, wie er selbst bemerkt, sehr allgemeinen Namen „romantische Schauspiele" bezeichnet. In die letzte Classe endlich verweist Schack die noch übrigen 27 Lustspiele (die eine Burleske inbegriffen), welche das gesellige Leben und Treiben der Spanier im 17. Jahrhundert schildern und nach Schack auch den Namen „Comedias de capa y espada" verdienen, da sie sämtlich in dieser Tracht (Mantel und Degen) gespielt wurden.

Die neueste Classifikation von Calderons Comedias, welche erheblich von der Schacks und noch mehr von der Schmidts abweicht, hat Moriz Rapp im Spanischen Theater[1]) aufgestellt. Während Schmidt seiner Einteilung zum teil die den Spaniern selbst geläufigen Gattungen der dramatischen Poesie zu Grunde legte, geht Rapp von dem Gedanken aus, dass, wie die griechische Bühne aus dem griechischen Gottesdienst selbst hervorgegangen, so auch die spanische wenigstens Hand in Hand mit der Kirche gegangen sei. Er stellt daher in erster Reihe die mit dem kirchlichen Element zusammenhängenden geistlichen Schauspiele, von ihm „Wunderkomödien" genannt, 12 an der Zahl. Der II. Klasse teilt er 7 tragische Schauspiele zu, der III. 32 Conversationsstücke (oder eigentliche Lustspiele) und der IV. die 17 mythologischen Festspiele. Dann folgen bei ihm 12 sog. „Ritterspektakelstücke", 12 historische und endlich die 16 übrigen Stücke, welche er als „romantische Schauspiele verschiedener Qualität" bezeichnet

Um indess einen allgemeinen kurzen Ueberblick über Calderons Comedias und deren Inhalt zu gewinnen, wird es für unsere Aufgabe zweckmässiger sein, die einzelnen Stücke in etwas freierer Weise mehr nach Stoff und Inhalt zu gruppieren.

1. **Mythologische Festspiele**[2]), in welchen die Mythen und Fabeln des Altertums benützt und in freier, romantischer Weise umgebildet sind. Diese Dramen, 17 an der Zahl und von ungleichem dichterischem Wert, welche fast sämtlich auf königlichen Befehl oder sonstige höhere Veranlassung für das königliche Theater von Buen Retiro geschrieben wurden, waren vielfach auf glänzende Dekoration und theatralische Pracht — Göttererscheinungen, Feuerregen, Erdbeben u. a. — berechnet und trugen durch Einlegung von Gesangsstücken nicht selten einen opernartigen Character.

1) Los tres mayores prodigios (die drei grössten Wunder) behandelt in einer Trilogie mit vorausgeschicktem Vorspiel die Argonautensage, den Besuch des Theseus im Labyrinth und den Tod des Herkules und der Dejanira.
2) El monstruo de los jardines (das Wunder der Gärten) handelt von der Erziehung des jungen Achilles bei seiner Mutter Thetis und dem Aufenthalt des seiner Klause entflohenen Jünglings am Hof der schönen Deidamia.

---

[1] Herausgegeben von Mor. Rapp, Herm. Kurz und Ludw. Braunfels VI. Band S. 7—30 Leipz. bibliograph Institut o. J.

[2] Einen längeren gediegenen Aufsatz über diese Klasse von Schauspielen hat Leop. Schmidt, der Herausgeber des Werkes „die Schauspiele Calderons" unter dem Titel „Ueber Calderons Behandlung antiker Mythen" im Neuen Rheinischen Museum für Philologie Jahrgang X 1856 S. 313—377 veröffentlicht.

3) Eco y Narciso (Echo und Narcissus) ein Gegenstück zum vorigen, nach der bekannten Fabel in Ovids Metamorphosen III, 341—510. „Das ganze Gedicht, sagt der Uebersetzer von der Malsburg¹), ist Ton und Blume, und trotz des Gewittersturms umspielt uns die reizende Katastrophe wie ein sanftes fernes Hirtenlied."
4) Apolo y Climene (Apollo und Clymene) und dessen Fortsetzung·
5) El hijo del Sol, Facton (der Sohn der Sonne, Phaeton)
6) El mayor encanto amor (Ueber allen Zauber Liebe) behandelt die Sage von Ulixes und Circe in neuem durchaus romantischem Gewand: „Wie die Geführten des Ulixes, sagt Schack²) von diesem herrlichen Drama, bestrickt wurden von der Schönheit der Circe und ihres paradiesischen Aufenthalts, so fühlt sich auch der Leser angehaucht vom Säuseln der Wollust, und glaubt sich auf ein Zaubereiland versetzt, von dem er hinabblickt auf das blauende Meer, auf die himmlischen Küsten, die sich schmachtend an seinen Busen schmiegen und auf die sanft geschwungenen, wie von Liebeslust schwellenden Hügel."
7) El golfo de las Sirenas (der Golf der Sirenen eine Fischereklogc, welche als Fortsetzung des vorigen Stücks die von Ulixes siegreich überwundenen Versuchungen durch Scylla und Charybdis — allegorische Darstellung der Verführungen der Vernunft durch die Sinnenreize — behandelt.
8) Fortunas de Andrómeda y Perseo (Schicksale der Andromeda und des Perseus). Uebergang zur wirklichen Oper mit viel Musik und ausgebildeter Maschinerie.
9) La púrpura de la rosa (der Purpur der Rose) behandelt die Mythe von Venus und Adonis und ist eine förmliche Oper, das erste Drama in Spanien, in welchem alles gesungen wurde.
10) Ni amor se libra de amor (Auch Amor erliegt der Liebe) enthält das liebliche Märchen von Amor und Psyche, dessen Quelle bekanntlich Apuleius ist.
11) La estatua de Prometeo (die Bildsäule des Prometheus) eine Prachtoper mit Tanz, welche die Prometheussage symbolisch behandelt.
12) La fiera, el rayo y la piedra (die Waldfrau, der Strahl und der Stein). Das opernhafte Stück, dessen 3 Namen drei Wirkungen der selbstsüchtigen Liebe, des Cupido, bezeichnen, enthält unter anderem die aus Ovid Met. X, 243 ff. bekannte Mythe von Pygmalion, der durch Liebe die Steinbildsäule zu einer Jungfrau beseelt.
13) Amado y aborrecido (Hier geliebt und dort verschmäht) ist ein Streit zwischen Venus und Diana, ob die Liebe oder der Hass mächtiger sei. Zweimal schwankt die Wage; schliesslich siegt die Liebe.
14) Fineza contra fineza (Aufopferung gegen Aufopferung.) Auch in diesem Stück soll entschieden werden, ob Venus oder Diana die mächtigere und bessere Göttin sei.

---
¹ 16. Band seiner Calderonübersetzungen S. LII Leipzig 1840.
² III., 190.

15) **Fieras afemina amor** (Wilde macht Liebe weibisch) handelt von den Heldenthaten des Herkules, welche fast sämtlich auf der Bühne vor sich gehen müssen und lässt in Bezug auf Pracht und Vollkommenheit der Dekorationen nach Calderons eigener Angabe alles bisherige weit hinter sich.

16) **El laurel de Apolo** (Apollos Lorbeerbaum) hat zum Hauptinhalt die Verwandlung der Daphne in einen Lorbeer nach Ovid Met. I, 452 ff.

17) **Celos aun del aire matan**[1]) (Eifersucht selbst auf die Luft tötet) ist eine merkwürdige Bearbeitung der Fabel von Cephalus und Procris (bei Calderon „Pocris") aus Ovid Met. VII, 796 ff.

II. In der Gattung der **Comedias burlescas** oder der burlesken Travestie ernster Schauspiele, an welchen das spanische Theater des 17. Jahrhunderts so reich ist, hat der ernste Calderon nur ein einziges gedichtet, nämlich:

Cefalo y Pocris[2]) (Cephalus und Prokris), worin der Dichter sein eigenes Werk, das letztgenannte mythologische Schauspiel „Celos aun del aire matan" in einer Weise travestirt, welche häufig an Aristophanes erinnert. Nach Schack[3]) ist das Stück eine Burleske voll des köstlichsten Humors, ein Tummelplatz des ausgelassensten Scherzes und besonders dadurch von unvergleichlicher komischer Wirkung, dass der tollste Spass, ja das Absurdeste in einem feierlichen pathetischen Ton und in den elegantesten Versen vorgetragen wird. Als kurze Probe dieser derben, bei Calderon so ungewöhnlichen Komik möge die nachfolgende Klage des Cephalus dienen, nachdem er seine geliebte Pocris mit dem Jagdspeer getötet.

„Espiró el mayor fanal
Del dia, vino la noche.
República celestial,
Aves, peces, fieras, hombres,
Montes, riscos, penas, mar,
Plantas, flores, yerbas, prados,
Venid todos á llorar.
Coches, albardas, pollinos,
Con todo vivo animal:
Pavos, perdices, gallinas,
Morcillas, manos, cuajar,
Pocris murió: decid pues
Su mono descanse en paz."

„Ausgelöscht ist das Fanal[4])
Meines Lebens! Nacht bricht ein!
Jammre Welt und Himmelsall,
Vögel, Fische, Bestien, Menschen,
Land und Wasser, Berg und Thal,
Pflanzen, Blumen, Kräuter, Auen,
Jammert mit aus vollem Hals!
Kutschen, Satteldecken, Esel,
Alles, was nur Odem hat,
Pfauen, Hühner, Kälberpfoten,
Saure Milch, komm, wimmert, klagt
Pokris starb! Sanft mag sie ruhen,
Sie samt ihrem falschen Haar!

III. Von ähnlicher Composition, wie die eben erwähnten mythologischen Dramen und ebenfalls auf theatralischen Pomp und glänzende Decoration berechnet sind folgende 9 Ritterschauspiele, deren sagen- und märchenhaften Inhalt Calderon aus älteren Ritter- und anderen Romanen, Novellen und Gedichten geschöpft hat:

---

[1] Von diesen 17 mythol. Dramen sind nur die 6 erstgenannten ins Deutsche übersetzt, nämlich N. 1, 4 und 5 von Adolf Martin Teil II und III Leipzig 1844, N. 2 und 3 von Malsburg III Band Leipzig 1820 und N. 6 von Schlegel I. Band Leipzig 1845.
[2] Uebersetzt von C. A. Dohrn Stettin 1879.
[3] III, 249.
[4] = Leuchte.

1) La puente de Mantible (die Brücke von Mantible). Den Rahmen des Dramas bilden die sagenhaften Kämpfe Karls des Grossen mit dem turmhohen sarazenischen Riesen Fierabras, welche in Verbindung mit dem grünen Fluss, dem magischen Schloss und der entstehenden und verschwindenden Zauberbrücke den Geist gleichsam in eine andere feenhafte Welt versetzen.

2) El jardin de Falerina (Falerinas Garten) behandelt die demselben Heldenkreis Karls des Grossen angehörige Heldenthat Rolands, welcher die Kunst der Zauberin Falerina besiegt und die in ihrem Feengarten eingeschlossenen christlichen Ritter und Frauen erlöst.

3) El castillo de Lindabridis (das Schloss der Lindabridis) hat zum Mittelpunkt die durch ihren Bruder vom Thron verdrängte tartarische Prinzessin Lindabridis, welche in einem durch Zauberkunst gebauten Schloss die Lüfte durchreist und von Land zu Land zieht, um den Gatten, den sie zur Wiedererlangung ihres Thrones braucht, zu suchen und schliesslich in Rosikler zu finden.

4) Los hijos de la Fortuna, Teágenes y Cariclea (die Kinder der Fortuna, Theagenes und Chariklea) enthält nach der Aethiopica, dem bekannten Roman des Heliodor, die abenteuerlichen Schicksale der beiden Liebenden, welche nach den schmerzlichsten Prüfungen in dem Augenblick vereinigt werden, als eben Chariklea der Andromeda geopfert werden soll.

5) Auristela y Lisidante (Auristela und Lysidas) ist ein unbedeutender mit pomphafter Sprache und gesuchten Antithesen ausgestatteter Ritterroman.

6) Los tres afectos de amor (die drei Liebesäusserungen) ist ein ebenfalls wenig bedeutendes opernartiges Stück, dessen Titel sich auf drei Aeusserungen bebezieht, welche gleich starke Liebe in 3 verschieden gearteten Männern hervorbringt. Venus entscheidet in ihrem Tempel für den schüchternen Liebhaber der Prinzessin Rosaura, der Heldin des Dramas.

7) Argénis y Poliarco (Argenis und Poliarchus) behandelt nach dem lateinisch geschriebenen politischen Roman des Schotten Barclai unter fingirten Namen und in fabelhaftem Gewand eine Reihe erschütternder Vorfälle aus der politischen Geschichte Frankreichs unter Heinrich III., der als Melearchus erscheint, während unter Argenis der französische Thron, unter Poliarchus Heinrich von Navarra, der nachmalige König Heinrich IV. zu verstehen ist.

8) El conde Lucanor (der Graf Lukanor) ist ein phantastisches Ritterstück, dessen Schauplatz zwischen Aegypten und Toskana wechselt und in dem schliesslich der arme Graf Lukanor als Nebenbuhler eines Fürsten von Russland und eines Prinzen von Ungarn, die Prinzessin Rosamunde, die Tochter des Herzogs von Toscana erringt.

9) Hado y divisa de Leonido y Marfisa¹) (Los und Spruch von Leonido und Marfisa) ist nach Vera-Tassis das letzte Werk des Dichters, das er im 81. Lebensjahr geschrieben, und behandelt unter teilweiser Anlehnung an Bojardo und Ariosto die phantastische und verwickelte Sage der Zwillingskinder Leonido und Marfisa.

---

¹ Von diesen 9 Schauspielen sind 3 übersetzt N 1 durch Schlegel I. Bd., N. 8 durch Malsburg VI. Bd. Leipzig 1845 und N. 9 durch Martin, Teil III

IV. Aus der Welt der Sage und Romantik gehen wir über zu jenen 26 Schauspielen, welche das wirkliche Leben und Treiben der Spanier im 17. Jahrhundert schildern und gewöhnlich als Lustspiele mit Mantel und Degen (Comedias de capa y espada), auch als Intriguen- oder Conversationsstücke bezeichnet werden. Das charakteristische Merkmal dieser Klasse, zu welcher man mit Recht dem Calderon ein vorzügliches Talent zugeschrieben hat,[1]) bilden die 2 Grundprincipien der Liebe und Ehre, um die sich alles dreht: „immer schwebt das Leben auf der Degenspitze, aber Liebe und Ehre bleiben unwandelbar".[2]) Den Hebel der Intrigue bilden vorzugsweise: Bewerbung zweier Freunde um die Gunst der gleichen Dame, Kampf der Pflichten gegen den Freund und die Geliebte. Zweikämpfe, Häuser mit geheimen doppelten Eingängen, geheimen Thüren, unterirdischen Eingängen, Verhüllungen, Vermummungen und daraus hervorgehende Täuschungen und Missverständnisse[3]) u. a. Die 26 Schauspiele dieser Classe, welche das damalige gesellschaftliche Leben Spaniens sowohl in seinen Vorzügen, so namentlich in dem die Ehre über alles hochhaltenden Geist, als auch in seinen Schattenseiten zeichnen, zu welchen in erster Linie das unvermeidliche Duell zu rechnen ist, gehören fast alle der besten Zeit des Dichters an und sichern ihm einen Platz unter den ersten Lustspieldichtern aller Zeiten. Der Inhalt eines Teils dieser Dramen ist schon in den Titeln kurz charakterisirt.

1) La dama duende (Dame Kobold) ist eines der beliebtesten Lustspiele und eines der wenigen Calderons, welche von Zeit zu Zeit auch noch auf deutschen Bühnen, und zwar mit dem besten Erfolg aufgeführt werden, wie folgende Notiz[4]) beweist: „Im Wiener Burgtheater ist Calderons köstliches Lustspiel „Dame Kobold" von Wilbrandt übersetzt und eingerichtet neu zur Aufführung gelangt (1883). Man hatte den Eindruck, als wäre zu einer Uhr, die vor 200 Jahren stehen geblieben, nun plötzlich der Schlüssel wieder gefunden und man hätte sie aufgezogen, und nun gienge sie wieder munter darauf los. Das Stück hatte einen äusseren Erfolg, der sich bis zum Schlusse fortwährend steigerte. Die witzigen Variationen des komischen Grundmotivs, dass eine junge Dame mittelst einer verborgenen Thüre als Kobold im Zimmer des geliebten Ritters erscheinen und verschwinden kann, entwickeln so viel lebendigen Bühnengeist, dass der 2. und 3. Akt unter fast ununterbrochener Heiterkeit gespielt wurde."

2) El escondido y la tapada (der Versteckte und die Verhüllte) ist ebenfalls eines der reizendsten Stücke dieser Gattung. Eine geheime Thüre und ein Verschlag dienen als Hebel für die überraschendsten Verwicklungen.

---

[1] Schon Huerta „teatro hespanol" P. II. 1 p. III sagt: „Entre las comedias de este sublime ingenio = Calderon son las mas aplaudidas de los inteligentes sus comedias de capa y espada."

[2] V. Schmidt a. a. O. S. 11.

[3] Näheres hierüber bei Schack III, 228 ff.

[4] Ueber Land und Meer" 1883 13. Heft N 26 S. 528

3) Casa con dos puertas mala es de guardar (Ein Haus mit 2 Eingängen ist schwer zu hüten.)
4) El encanto sin encanto. (Der Zauber ohne Zauber). Ein verborgenes Turmgemach ist der Schauplatz mannigfacher Verwicklungen.
5) Peor está que estaba (Es steht schlimmer als es stand). Den Mittelpunkt bildet die anmutige und schlaue Lisarda, deren Sache immer schlimmer wird.
6) Mejor está que estaba (Es steht besser als es stand). Gegenstück zum vorigen; nur ist der Schauplatz von Madrid nach Wien verlegt.
7) Bien vengas, mal, si vienes solo. (Willkommen, Unglück, wenn du allein kommst).
8) Los empeños de un acaso (die Verwicklungen des Zufalls).
9) Cada uno para sí. (Jeder für sich allein.) Drei Freunde kämpfen als Nebenbuhler um die Hand der Leonor; keiner will nachgeben und so kämpfen denn alle drei, „jeder für sich allein" gegen zwei. Daher der Titel des Stücks.
10) Fuego de Dios en el querer bien. (Feuer des Himmels tilge der Liebe Glut.) Hauptperson ist die edle und treue Angela, welche an die Lisarda in N 5 erinnert; der Titel des Stückes ist von dem von allen Seiten erhobenen Ausruf am Schluss des II. Aktes hergenommen.
11) Con quien vengo, vengo. (Wem ich folge, dem folge ich.) „Der Titel des zu Verona spielenden Stücks enthält, wie V. Schmidt[1] bemerkt, das entscheidende Gesetz in Duellsachen, welches dem Edelmann unverbrüchlich streng gebietet, dem beizustehen, auf dessen Ruf und mit dem er gekommen ist. Dies ist hier durch das Duell zwischen Vater und Sohn auf die höchste Spitze getrieben, um zu zeigen, dass der Begriff der Ehre, als eines übersinnlichen Gutes, den natürlichen Banden vorangehen müsse."
12) Tambien hay duelo en las damas. (Auch die Frauen haben ihre Ehrensachen) ist ein sehr gutes Conversationsstück, das nach einer Reihe von Verwicklungen mit einer doppelten Heirat schliesst.
13) El maestro de danzar. (Der Tanzmeister) Enrique durch den Drang der Umstände genötigt, sich im Hause seiner geliebten Leonor als Tanzmeister auszugeben, erhält nach manchen Prüfungen die Hand der Geliebten.
14) El astrólogo fingido. (Der erdichtete Sterndeuter) ist ein Lustspiel voll der ergötzlichsten Scenen: Diego durch die Notlüge seines Dieners Moron zum Sterndeuter gemacht, wird von der gläubigen Herren- und Damenwelt Madrids mit Fragen und Aufträgen so gequält, dass er herzlich froh ist, endlich als falscher Sterndeuter seinen Ruf als Gelehrter loszuwerden.
15) No hay burlas con el amor. (Amor lässt nicht mit sich spassen.) „Ein junger Mann, so lautet das kurze Excerpt des Uebersetzers Dohrn[2]) dessen Liebe zur jüngeren Schwester durch die aufgesteifte Prüderie der älteren gefährdet wird, bittet seinen Freund, der letzteren zur Ablenkung ihrer Aufmerksamkeit fälschlich den Hof zu machen. Der Freund geht darauf ein, aber aus seiner „Liebe zum Spass" wird Ernst." Daher auch der Titel des an komischen Situationen überaus reichen Stückes.

---

[1] a. a. O. s. 79.
[2] Vorrede zu seiner Uebersetzung s. X

16) Hombre pobre todo es trazas (Des Armen Wesen ist Anschläge) ist ein lebenswahres Sittengemälde aus der spanischen Hauptstadt, in welchem der betrügerische Glücksritter Don Diego als Doppelperson Diego-Dionis seine Schwindeleien verübt, bis er schliesslich als Betrüger entlarvt wird.

17) Mañanas de abril y mayo (April- und Maimorgen) schildert das Stadtleben der höheren Stände Madrids.

18) Guárdate del agua mansa (Hüte dich vor stillem Wasser) ist ein treffliches Gemälde aus dem wirklichen Leben, das an vielen Stellen, namentlich aber durch die Figur des einfältigen asturischen Landjunkers Torribio an die Charaktere im Don Quijote erinnert.

19) No siempre lo peor es cierto (Nicht immer ist das Schlimmere gewiss) hat zum Mittelpunkt die edle und grossherzige Leonor, welche durch ein Zusammentreffen verdächtiger Umstände von ihrem Geliebten für schuldig gehalten, zuletzt aber von dem ungerechten Verdacht glänzend gereinigt wird.

20) Mañana será otro día (Morgen ist auch ein Tag) ist ein Gegenstück des vorigen von ähnlichem Inhalt. „Zwischen Schwertergeklirr und Schande, sagt V. Schmidt S. 68 von diesem herrlichen Drama, wächst diese köstliche Liebe des Weibes, die nichts scheut als den Verlust des Geliebten, und deren dann ein gütiger Gott sich milde erbarmt."

21) Primero soy yo. (Zuerst komme ich.) Der Titel des etwas verwickelten, aber gleichwohl den vollendetsten des Dichters beigezählten Stückes ist ein spanisches Sprichwort, das auch in „El secreto á voces" vorkommt.

22) No hay cosa como callar. (Nichts geht über Schweigen.) Grundgedanke ist: Ehre und Pflicht gehen über alles!

23) ¿ Cuál es mayor perfeccion, Hermosura ó discrecion? (Welches ist grössere Vollkommenheit, Schönheit oder Klugheit? Der Dummheit der schönen Angela gegenüber erringt der Verstand der Beatriz den vollständigsten Sieg.

24) Dar tiempo al tiempo. (Man muss der Zeit Zeit lassen.) Ein verwickeltes Intriguenstück; im ersten Akt werden in überaus komischer Weise die Unfälle geschildert, welche einem Reisenden begegnen können, der in später Nacht in Madrid ankommt.

25) La desdicha de la voz. (Das Unglück der Stimme.) Das Talent des Gesanges erfreut nur andere. Der Besitzerin Beatriz bringt sie stets Gefahr; doch erreicht sie schliesslich ihren Zweck, indem der heiss geliebte Juan ihr als Gemahl die Hand reicht.

26) Antes quo todo es mi dama.¹) (Ueber alles geht meine Geliebte.) Der Held des Stückes Felix schwankt zwischen der Pflicht gegen den Freund, der im Kampf mit Häschern sich befindet, gegen die Dame, die eben seinem Schutz sich anvertraut, und gegen den Feind, der das Schwert gegen ihn zieht. Aber als er die Hilferufe seiner Geliebten Laura vernimmt, die von ihrem erzürnten Vater mit dem Dolche bedroht wird, da enteilt er mit den Worten: „Freund, Feind und Schutzbefohlene, alle mögen mir verzeihen; denn über alles geht meine Geliebte!"

Von diesen 26 Dramen sind 10 übersetzt. N. 1, 2, 8, 18 durch Gries, Bd. V, VII, III und VI Berlin dritte Ausgabe 1862. N. 3 u. 25 durch Bärmann Altona 1821 und Zwickau 1826. N. 5 und 6 durch Malsburg I. Bd. Leipzig 1819. Ausserdem ist N. 1 durch R. Baumstark in Linden Wien 1869 und N. 18 durch M. Rapp im span. Theater VI Bd. u. Dr. Sprenger Wien 1869 übersetzt.

V. An die vorausgegangenen 26 Schauspiele lassen sich weitere 15 anreihen, welche sich im wesentlichen mit den von Schmidt als „heroisch" und von Schack als „romantisch" bezeichneten decken. Dieselben beruhen auf den nämlichen zwei Grundprinzipien der Liebe und Ehre, unterscheiden sich aber von den Stücken der vorausgehenden Klasse einerseits durch den meist ernsteren Inhalt, andererseits dadurch, dass in ihnen Könige und Königinnen, Herzoge und Herzoginnen, und andere von Calderon häufig rein erdichtete fürstliche Personen auftreten. Damit hängt zusammen, dass zu den zwei Grundprinzipien der Liebe und Ehre noch ein drittes hinzutritt, nämlich die unerschütterliche Treue gegen den Fürsten.

1) Lances de amor y fortuna (Fälle der Liebe und des Glücks). Rugero, ein vornehmer Edelmann, reibt sich auf in heldenmütigen Anstrengungen für die Sache der von ihm geliebten Gräfin Aurora von Barcelona; aber durch eine Verkettung widriger Umstände fallen die einzelnen Glücksfälle immer seinem Nebenbuhler Lothario zu, bis endlich Aurora die Hingebung Rugeros erkennt und ihm sich selbst und ihre Grafschaft übergibt

2) Agradecer y no amar (Danken und nicht lieben). Den Mittelpunkt bilden die Prinzessin Florida und Laurencio, der es wagt, die Augen zu dem ihm unerreichbaren Wesen zu erheben und zuletzt das ihm erreichbare Gut, Lisida, erhält

3) Basta callar. (Schweigen genügt). Die Herzogin Margarita opfert der Heldin des Stückes, dem Ideal der Weiblichkeit, Serafina, ihre Neigung auf; denn, sagt sie, „wenn bei Frauen, wie ich, zu lieben nicht in der Gewalt steht, so genügt Schweigen."

4) El secreto á voces (das laute Geheimnis) ist ein Seitenstück des vorigen und eines der bekanntesten Werke des Dichters, welches durch Uebersetzungen und Bearbeitungen[1]) auf fast alle bedeutenden Bühnen Europas übergegangen ist und z. B. in der weit hinter dem Original zurückstehenden Bearbeitung des Italieners Carlo Gozzi „Il publico secreto"[2]) im Jahr 1769 neunmal hinter einander auf dem venetianischen Teatro di S. Angelo aufgeführt wurde. „Das laute Geheimnis" ist die Geheimsprache, mit welcher die beiden Liebenden Laura und Federigo sich unterhalten, ohne dass die anderen den geheimen Sinn ihrer Worte verstehen.

5) Nadie fie su secreto. (Niemand vertraue sein Geheimnis.) Der Held dieses Dramas, welches manche Vergleichungspunkte mit dem vorigen bietet, ist der berühmte Alexander Farnese, Herzog von Parma.

6) De una causa dos efectos. (Aus einer Ursache zwei Wirkungen.) Der Grundgedanke des Stücks, sinnvoll durchgeführt an 2 Söhnen des Herzogs von Mantua, ist kurz und treffend in der Frage des dritten Aktes ausgedrückt: „Wer sagt mir, welche Liebe höher zu achten sei, die, welche den Albernen verständig macht, oder die, welche den Verständigen albern macht?"

---

[1] Vgl. hierüber Dorer Calderonlitteratur S. 26 und 27.
[2] Opere del Conte Carlo Gozzi Venezia 1772. t. IV. p. 303.

— 26 —

7) Dicha y desdicha del nombre. (Glück und Unglück des Namens.) Don Felix Colonna, der für seinen Freund Cesar Farnese und unter dessen Namen als Abgesandter des Herzogs von Parma in Mailand auftritt, muss mit dem Glück dieses Namens auch sein Unglück tragen. Daher der Titel des Stückes, welches im I. Akt eine lebendige Schilderung des Mailänder Carnevals enthält.

8) La banda y la flor (Die Schärpe und die Blume) ist ein compliciertes am Hof des Herzogs von Florenz spielendes Intriguenstück, in welchem der Held desselben, Enrique, die Misslichkeit des Umgangs mit Fürsten in vollem Masse erfährt, durch seine Schärpe und Blume, welche je in den Besitz zweier auf einander eifersüchtiger Schwestern, Lisida und Chloris geraten, ohne Schuld in grosse Verlegenheit kommt, aber am Ende die Hand der geliebten Lisida erhält.

9) El galan fantasma. (Der Liebhaber als Gespenst) spielt in der Hauptstadt des Herzogtums Sachsen und hat zum Mittelpunkt den jungen Astolfo, welcher im Zweikampf mit dem Herzog von Sachsen, seinem Nebenbuhler in der Liebe zur schönen Julia, als tot vom Platze getragen vor der Welt als tot gilt, in der That aber von seinen Wunden genesen durch einen geheimen unterirdischen Gang seine Braut besucht und den Herzog durch seine Erscheinungen erschreckt, bis dieser, nachdem die Sache sich aufgeklärt, die Einwilligung zu Astolfos Vermählung mit Julia giebt.

10) El alcaide de sí mismo. (Der Aufseher über sich selbst.) Federico, Prinz von Sicilien, welcher im Turnier den Sohn des Königs von Neapel getötet hat, legt auf der Flucht im Walde seine fürstliche Kleidung ab und wird in ärmlicher Tracht von der Prinzessin Helena, der Schwester des Getöteten, aufgenommen und von dieser zum Befehlshaber ihres Schlosses ernannt. Inzwischen hat der drollige Bauer Benito die Rüstung des Prinzen gefunden und sich angelegt, um sich von der ihn begleitenden Bäuerin Antona bewundern zu lassen. In diesem Aufzug wird der Bauer von Soldaten, welche den Federico suchen, gefunden, als Prinz gefangen genommen und auf das Schloss der Helena gebracht, wo Federico ihn überwachen muss, also zum Aufseher über sich selbst wird. Daher der Titel des Stückes, das eine Menge ergötzlicher Situationen enthält.

11) La señora y la criada. (Die Herrin und die Magd) ist das weibliche Gegenstück zum vorigen: Clotaldo, Prinz von Parma, will seine Geliebte Diana, die Tochter des Herzogs von Mantua, entführen; allein seine Diener ergreifen im Halbdunkel statt der Herrin die alberne Magd Gileta, welche in einem Kleid der Herzogin, das diese ihr geschenkt, vor ihrem Manne prunkt, eine Verwechslung, die wieder zu einer Reihe heiterer Verwicklungen führt.

12) Amigo, amante, y leal (Freund, Liebender und Unterthan[1]) spielt am Hof des Fürsten Alexander von Parma und behandelt die schweren Conflikte, welche dem Helden des Stückes, Don Felix, die Pflichten gegen seinen Freund Arias, seine Geliebte Aurora und seinen Fürsten bereiten.

---

[1] Beim Uebersetzer Malsburg lautet der Titel: „Fürst, Freund, Frau."

13) Las manos blancas no ofenden. (Die weissen Hände kränken nicht.) Dieses Schauspiel, dessen Titel sprichwörtlich ist, hat zu Hauptpersonen Serafina, die Fürstin von Ursino und deren Vetter Federico, welche von einem trüben Schicksal verfolgt werden und, wie V. Schmidt[1]) bemerkt, „für einander bestimmt sind, aber durch die Ehre für immer getrennt werden."

14) Un castigo en tres venganzas. (Eine Strafe mit drei Sühnungen.) Der Mittelpunkt dieses Dramas ist ein Herzog Karl von Burgund, der durch einen Brief des Herzogs von Sachsen belehrt, dass einer seiner vier Vertrauten Enrique, Manfred, Federico und Clotaldo ein Hochverräter sein müsse, seinen Liebling Clotaldo allein in seiner Nähe behält, bis endlich gerade dieser als der Schuldige entlarvt und von der Hand des Herzogs tötlich getroffen im Todeskampf seine drei Sünden bekennt, dass er das Vaterland verraten, den Enrique gemordet und den Mord des Fürsten selbst beabsichtigt habe.

15) El pintor de su deshonra[2]) (der Maler seiner Schmach) ist ein Drama von erschütternder Tragik, in welchem Alvaro und Serafina im Kampf zwischen Liebe und Pflicht der Versuchung erliegen und der beleidigte Gatte Serafinas, Don Juan Roca, als Maler verkleidet die Entflohenen aufsucht, in einem Jagdschloss des Fürsten von Ursino findet und „in dunklen Purpur seinen Pinsel tauchend" seine Schmach mit dem Blute der beiden Schuldigen rächt.

VI. Der spanischen Geschichte gehören 10 im folgenden ausführlicher besprochene Schauspiele an. Sechs von diesen sind ins Deutsche übersetzt.

VII. Stoffe aus der nichtspanischen Geschichte oder Sage behandeln 15 Schauspiele und zwar 10 aus dem Altertum:

1) und 2) La Hija del aire, parte primera y parte segunda (die Tochter der Luft, I. und II. Teil) behandelt die sagenhafte Geschichte der Semiramis.

3) Las armas de la hermosura (die Waffen der Schönheit) enthält die Geschichte Coriolans.

4) El segundo Scipion (der zweite Scipio).

5) Duelos de amor y lealtad (Kampf der Liebe und Pflicht). Der Stoff ist aus der Geschichte Alexanders des Grossen genommen.

6) Darlo todo y no dar nada (Alles geben und nichts geben) behandelt die Geschichte von Alexander und Campaspe.

7) La gran Cenobia (die grosse Zenobia).

8) Judas Macabeo (Judas Maccabaeus).

9) Los cabellos de Absalon (die Locken Absaloms).

10) El mayor monstruo los celos (Eifersucht das grösste Scheusal) behandelt die Geschichte des Herodes und der Mariamne.

und 5 aus der neueren Zeit und zwar je 1 aus der portugiesischen, italienischen, deutschen, englischen und schwedischen Geschichte:

11) A secreto agravio secreta venganza (Gegen geheimen Schimpf geheime Rache.) Das Stück fällt in die Zeit des Königs Sebastian von Portugal.

---

[1] a. a. O S. 175.
[2] Uebersetzt sind folgende 7 Dramen: N. 4 durch Gries II Band Nr. 7, 9 und 15 durch „die Verfasserin der Rolands Abenteuer". N. 8 durch Schlegel I. Bd. N. 12 und 13 durch Malsburg II. und V. Band.

12) Para vencer á amor, querer vencerle. (Um Liebe zu besiegen, muss man sie besiegen wollen.) Spielt in Italien, Mittelpunkt ist Kaiser Friedrich III.
13) Mujer, llora y vencerás (Weine, Weib, und du wirst siegen). Der Schauplatz des Dramas ist Thüringen.
14) Amor, honor y poder (Liebe, Ehre und Macht). Der Held des Dramas ist Eduard III. von England.
15) Afectos de odio y amor ¹) (Hass und Liebe). Romantische Geschichte der Königin Christina von Schweden.

Es lässt sich nicht leugnen, dass der Dichter in den letzten 15 Stücken weniger glücklich ist, als in den der spanischen Geschichte entnommenen; er war zu sehr Spanier, als dass er in der Fremde sich wirklich hätte heimisch fühlen können. Allein wenn nun auch unter den Schauspielen dieser Klasse sich vielleicht einige der schwächsten Produktionen des Dichters finden, wie „die Waffen der Schönheit", „der zweite Scipio", und „Judas Maccabaeus", so finden sich doch auch unter ihnen einige der bedeutendsten Schöpfungen Calderons, wie „die Locken Absaloms", „Eifersucht das grösste Scheusal" und namentlich die beiden Teile „der Tochter der Luft", welcher Goethe in seinen Abhandlungen über Theater und dramatische Poesie" einen eigenen Abschnitt gewidmet hat. „Ich nehme keinen Anstand," bemerkt er darin, zu bekennen, „dass ich in „der Tochter der Luft" mehr als jemals Calderons grosses Talent bewundert, seinen hohen Geist und klaren Verstand verehrt habe". Zu den besseren Werken des Dichters gehört auch die bisher zu wenig nach ihrem wahren Wert gewürdigte „grosse Zenobia", in welchem Drama Schack ²) mit Recht ein Gemälde von brennendem Farbenglanz erblickt, dessen Pracht noch durch die dem Gegenstand angemessene, kühne Bildersprache des Orients erhöht wird.

VIII. Als ausgesprochen symbolische Schauspiele können als Mittelglieder zwischen den historischen und religiösen folgende zwei an dieser Stelle erwähnt werden:

1) La vida es sueno ³) (das Leben ein Traum) ist weitaus das bekannteste und gefeiertste Stück Calderons, das allein unter seinen Dramen ein gewisses Bürgerrecht auch auf unsern deutschen Bühnen sich erobert hat. Haupt-

---

¹ Uebersetzt sind 9 Schauspiele: N. 1, 2, 7, 9 und 10 durch Gries IV., I. VII. und III. Band Nr. 11, 14 und 15 durch Martin I. II. und III. Teil und Nr. 13 durch Malsburg VI. Band.

² III., 183.

³ Uebersetzt von Gries I. Bd., Bärmann II. Bd. und Lorinser I. Band. Ueber die zahlreichen Bearbeitungen des Dramas für die Bühne durch West, Herlth u. a. vgl. Dorer Calderonliteratur S. 21 und 22. Eine zusammenhängende Betrachtung dieses Stücks und vieler anderer Comedias und Autos des Dichters Johann Abert herausgegeben unter dem Titel „Schlaf und Traum bei Calderon" Würzburg, Stahel 1881

person ist der polnische Prinz Sigismund, der aus dem Turm seiner Wildnis plötzlich in einen Palast versetzt und auf einem Bett von fürstlichem Gepränge sich erblickt, um nach kurzer Herrlichkeit sich wieder im alten Gefängnis — gefesselt und in Felle gekleidet — zu finden, und so der tiefen Wahrheit sich bewusst wird:

„Que toda la dicha humana   „Dass das Glück des Menschen alles
En fin pasa como un sueño"   Wie ein Traum vorüber schwindet."

2) Es esta vida todo es verdad y todo mentira.[1]) (Jn diesem Leben ist alles Wahrheit und alles Lüge.) Dieses Drama, welches an das vorige erinnert, enthält die Probe, welche die in der Wildnis auferzogenen Jünglinge Heraclius und Leonido in dem Zauberpalast zu bestehen haben, den auf Bitten des Phocas, des Kaisers von Constantinopel, der Schwarzkünstler Lysippus errichtet hat, um die geheime Sinnesart der beiden Jünglinge ans Licht zu bringen. Nach einer bestimmten Zeit ist der Zauberpalast verschwunden und die Jünglinge, des prinzlichen Schmucks entkleidet, finden sich wieder in Felle gehüllt und erkennen so die Wahrheit, welche der Dichter versinnlichen will:

„Siendo tan leve la pompa,   „Dass kein menschlicher Verstand
Que no hay humano sentido   Bei dem Unbestand des Prunkes,
Que ser mentira ó verdad   Ob es Lüg' ist oder Wahrheit
Pueda afirmar."   Sagen kann."

IX. In die letzte IX. Gruppe der weltlichen Bühnendichtungen Calderons lassen sich die 13 religiösen Dramen einreihen, von denen 5 (N. 2—6) näherhin als Legendendramen (Comedias de Santos), die übrigen 8 als religiöse Dramen überhaupt (Comedias divinas) bezeichnet zu werden pflegen. Unter den weltlichen Schauspielen des Dichters nehmen sie ohne Zweifel die erste Stelle ein: „In den geistlichen Dramen Calderons, sagt ein kompetenter und unparteiischer Kenner, Karl Rosenkranz[2]), herrscht die grösste Mannigfaltigkeit und in ihnen hat der Dichter sein Innerstes erschlossen. Alles, was gross ist im Katholizismus, ist hier in der glänzendsten Gestalt, im Zauber einer überschwänglich reichen Phantasie, in der Würde der edelsten Gesinnung versammelt."

1) La sibita del Oriente (die Sibylle des Orients) schliesst sich mit vielen dichterischen Freiheiten an den biblischen Bericht über den salomonischen Tempelbau und den Besuch der Königin von Saba bei Salomon an, bei welchem diese Königin als prophetische Sibylle in dem Wunderbaum vom Libanon, der nirgends im Tempel passen wollte und nun zum verächtlichen Dienst einer Brücke über den Bach Cedron gebraucht werden soll, das seligmachende Kreuz erblickt, an welchem „Gottes ewiger Sohn, der wahrhaft'ge Messias hängt".

2) Los cadenas del demonio (die Ketten des Teufels). Der Inhalt ist nur zum geringsten Teil aus der Legende vom hl. Apostel Bartholomaeus entnommen;

---

[1] Uebersetzt von Martin I. Teil.
[2] „Ueber Calderons Tragödie vom wunderthatigen Magus" Halle 1829.

fast der ganze Hauptinhalt ist freie Erfindung des Dichters und enthält unter anderem die öffentliche Disputation des Apostels mit dem gefesselten Daemon, sowie jene unübertreffliche Scene, in welcher die wahnsinnige vom Teufel besessene Irene, die Tochter des Königs von Armenien, auftritt und vom Apostel geheilt wird.

3) El mágico prodigioso (der wunderthätige Zauberer). Dieses hochberühmte Werk beruht auf der Legende des hl. Cyprian von Antiochien und ist eine christliche Lösung der Faustsage, indem die edle christliche Jungfrau Justina, welche von Cyprian im Bund mit dem Bösen versucht wird, unendlich erhabener als Göthes schwaches, verführtes Gretchen nicht nur alle Versuchungen siegreich überwindet, sondern auch den Cyprian selbst für Gott gewinnt, so dass er durch seinen Martyrertod den Bund mit dem Bösen vernichtet.

4) El José de las mujeres (der weibliche Joseph) ist eine dramatische Bearbeitung des Lebens der hl. Jungfrau und Martyrin Eugenia von Alexandrien, welche ausgezeichnet durch Schönheit, Sittsamkeit und Gelehrsamkeit die schwersten Prüfungen von Welt und Daemon mit einer Standhaftigkeit erduldet, welche ihr den Namen des „Josephs unter den Weibern" erwirbt.

5) Los dos amantes del cielo (die beiden Liebenden des Himmels) behandelt mit seltener Kunst die Legende der beiden Heiligen Chrysanthus und Daria und kann zu den vollendetsten Dramen dieser Gattung besonders desshalb gerechnet werden, weil, wie Lorinser bemerkt,[1] „der Dichter an seinen Helden die allmähliche Läuterung und Verklärung der irdischen Liebe durch die himmlische darzustellen versucht, so dass jene von dieser zuletzt gänzlich absorbirt wird", worauf auch der Titel des Dramas hinweist.

6) La exaltacion de la Cruz (Kreuzerhöhung) hat zum Hauptinhalt die Rettung des hl. Kreuzes aus den Händen des persischen Königs Chosroes und dessen Wiederaufrichtung in der hl. Grabeskirche zu Jerusalem durch den Kaiser Heraclius.

7) La devocion de la Cruz (die Andacht zum Kreuz). Dieses Drama erinnert durch seine erschütternde Tragik an des Sophokles „König Oedipus" und schildert die Bekehrung zweier in den tiefsten Abgrund der Sünde gefallenen Geschwister Eusebio und Julia durch die Andacht zum hl. Kreuz.

8) El purgatorio de San Patricio (das Fegfeuer des hl. Patricius) ist gewissermassen ein Versuch, die göttliche Komödie Dantes auf die Bühne zu bringen und behandelt die Bekehrung des gottlosen Wüstlings Ludovicus durch den hl. Patricius, den Apostel Irlands. Wohl die ergreifendste Scene ist das Zusammentreffen des büssenden, zum Fegfeuer pilgernden Ludovicus mit der von ihm ermordeten, aber durch den hl Patricius wieder ins Leben gerufenen Polonia, welche ihn über den einzuschlagenden Weg belehrt, während der Pilger in ihr ein seinen Glauben versuchendes Trugbild zu sehen glaubt.

9) La Virgen del Sagrario. (Die Jungfrau des Heiligtums.) Dieses herrliche Drama hat zum Mittelpunkt das wunderthätige Madonnenbild von Toledo in seiner Entstehung, Versenkung und Erlösung und stellt in Verbindung damit in kurzen, aber kräftigen Zügen die 3 Hauptperioden der spanischen

---

[1] Uebersetzung der grossten Dramen Calderons VII. Bd. S. 126.

Vergangenheit dar: die Herrschaft der Goten im siebten, die Zeit der Knechtung Spaniens durch die Sarazenen im achten und die glorreichen Befreiungskämpfe unter dem christlich-kastilischen König Alphons VI. im elften Jahrhundert.

10) **La aurora en Copacabana.** (Die Morgenröte in Copacabana) verherrlicht die Einführung des Christentums in Peru durch die spanischen Eroberer. Der Hauptgedanke der Dichtung ist, wie Malsburg[1]) richtig bemerkt, „die Verklärung des Sonnendiensts zum Christentum, wo Maria als Morgenröte die Mutter des Sonnenkindes, des wahren Lichtes und Heiles der Welt ist."

11) **El principe constante.** (Der standhafte Prinz) ist eines der gefeiertsten Werke des Dichters und behandelt die Leidensgeschichte des Prinzen Don Fernando von Portugal, der am 5. Juni 1443 als Geisel in harter Gefangenschaft zu Fez starb.

12) **El gran principe de Fez** (Der grosse Prinz von Fez) ist ein späteres Gegenstück des standhaften Prinzen. „Wie dort, sagt treffend Lorinser,[2]) ein christlicher Fürst im Mohrenland seinem Glauben treu bleibt, allen Lockungen und Leiden zum Trotz, so verlässt hier ein mohrischer Fürst, von der Glorie des Sieges umgeben, sein geliebtes Weib und sein Kind, seinen Thron und sein Vaterland, um, durch wunderbare Fügungen der Gnade geleitet, nicht nur den christlichen Glauben anzunehmen, sondern im Orden der Gesellschaft Jesu sich gänzlich dem Dienst Gottes zu weihen."

13) **La cisma de Inglaterra**[3]) (Das Schisma von England) behandelt die Verstossung der edlen Königin Katharina und den Abfall König Heinrichs VIII. von der katholischen Kirche.

Richten wir nun nach diesem Ueberblick über die 108 echten Dramen Calderons noch einen kurzen Blick auf die **sprachliche Gestalt** derselben, so finden wir, dass sie alle mit ganz wenigen Ausnahmen in drei Akte (Jornadas) geteilt und durchweg auch in den komischen und Volksscenen in Versen geschrieben sind. Der Hauptvers ist der vierfüssige Trochaeus mit den beiden Hauptformen der Romanze = trochaeische Reihen mit durchgehenden Assonanzen, so dass der vierte Vers die Assonanz oder das Echo der Endvokale des zweiten enthält, der sechste die beider u. s. w. und der Redondille = 4zeilige Strophen mit Reimstellung, so dass der vierte Vers auf den ersten, der dritte auf den zweiten reimt. Seltener gebraucht Calderon den Jambus, im Gegensatz zum Trochaeus das feierliche Mass, und zwar hauptsächlich in den Formen der Octave (8 fünffüssige Jamben) des Sonetts und der Terzine.[4])

[1] a. a. O. IV. Bd. Einleitung p. XXIII.
[2] a. a. O II. Bd. S. 413.
[3] Sämtliche 13 religiöse Dramen nebst „das Leben ein Traum" sind unter dem Titel „Calderons grösste Dramen religiösen Inhalts" in trefflicher Uebersetzung durch Dr Lorinser Freiburg Herder 1875 und 1876 7 Bände herausgegeben worden. Ausserdem wurden schon früher übersetzt; Nro. 4 und 10 durch Malsburg IV. Bd. N 3 durch Gries II. Bd. N. 5 durch Schack unter dem Titel „Chrysanthus und Daria" Span. Theater II. Bd. Frankfurt 1869. Nr. 7 u 11 durch Schlegel II. Bd. und Nr. 8 durch V Jertteles Brunn 1844
[4] Näheres hierüber findet sich bei Schack a. a. O. II, 84 ff.

Was endlich die deutschen Uebersetzungen der 108 Comedias des Dichters anlangt, so sind nach dem Obigen bis jetzt übersetzt: 6 mythologische, 1 Burleske, 3 Ritterschauspiele, 10 Mantel- und Degenstücke, 7 heroische oder romantische, 6 aus der spanischen und 9 aus der nicht spanischen Geschichte, die 2 symbolischen und die 13 religiösen, also im ganzen 57 Stücke.¹) Unter den Uebersetzern sind vertreten: Aug. Wilh. von Schlegel (2 Bde. II. Ausgabe, Leipzig Weidmann 1845) mit 5, J. D. Gries, dessen Uebersetzungen in erster Linie mustergültig genannt werden können, (8 Bde.²) III. Ausgabe, Berlin Nicolai 1862) mit 16, Otto von der Malsburg (6 Bde. Leipzig Brockhaus 1819—1825) mit 12, Adolf Martin (3 Teile Leipzig Brockhaus 1844) mit 9, Bärmann und Richard (12 Bändchen Zwickau, Schumann 1824 bis 1827) mit 12 und Dr. Franz Lorinser (7 Bde. Freiburg, Herder 1875—1876) mit 14 Stücken. Den 57 übersetzten Stücken stehen also 51 noch nicht ins Deutsche übersetzte gegenüber, nämlich 11 mythologische, 6 Ritterschauspiele, 16 Mantel- und Degenstücke, 8 heroische oder romantische, 4 aus der spanischen und 6 aus der nicht spanischen Geschichte, abgesehen von den Schauspielen, welche Hartzenbusch neu in seine Ausgabe aufgenommen hat.

B.) Calderons geistliche Fest- oder Sacramentsspiele.
(Autos sacramentales.)

Unter Autos sacramentales versteht man solche Schauspiele, welche nicht in Jornadas, sondern nur in Scenen eingeteilt, zur Verherrlichung der Gegenwart Christi im hl. Altarssakrament am Fronleichnamsfest und den folgenden Tagen auf einer Strassenbühne — zu Madrid in Gegenwart des königlichen Hofes — mit grosser Pracht aufgeführt wurden. Was nun die Zahl der von Calderon verfassten Autos betrifft, so lässt sich dieselbe so wenig, wie die der Comedias, mit Sicherheit angeben. Die erste Ausgabe derselben, welche nur 12 Autos in 1 Band enthielt und im Jahr 1677 zu Madrid erschien, besorgte der Dichter selbst, ohne Zweifel durch die Spekulationen der Buchhändler dazu veranlasst, wie er denn in der Vorrede erklärt,

---

¹ Ueber die mehrfach übersetzten Stücke vgl. Dorer Calderonliteratur S. 21 ff.

² Dazu erschien ein IX Supplementband ebendaselbst 1862 von der Verfasserin der Rolands Abenteuer und den 2 Stücken „Der Maler seiner Schmach" und des „Namens Gluck und Unglück". Neuerdings erschienen „Calderons ausgewählte Werke" in 3 Bänden mit 8 Stücken 6 von Gries 2 von Schlegel übersetzt mit einer Einleitung von Ad. Fr. Graf von Schack Stuttgart Cotta u. Krouer, 1884.

dass durch ihre Betrügereien den Krankenhäusern und milden Stiftungen, die doch nur einen kleinen Teil der Einnahme der Schauspielhäuser erhielten, jährlich nicht weniger als 26,000 Dukaten entzogen worden seien. Als der Herzog von Veraguas in dem oben erwähnten Schreiben ihn um ein authentisches Verzeichnis seiner Werke, der Comedias wie der Autos, bat, nahm der Dichter in einem Verzeichnis 70 Autos als von ihm herrührend in Anspruch. Allein auch dieses Verzeichnis ist, wie das der Comedias, unvollständig. Die erste Gesamtausgabe, welche 36 Jahre nach des Dichters Tod sein Freund Don Pedro Pando y Mier zu Madrid 1717 besagte, enthält in 6 Quartbänden 72 echte Autos. Jhr folgte eine zweite von Don Juan Fernandez de Apontes besorgte, ebenfalls zu Madrid, 1760 erschienene Ausgabe, welche die gleichen 72 Stücke, vermehrt durch ein neues unzweifelhaft echtes Stück „La protestacion de la fé (das Glaubensbekenntnis) enthält. So sind also 73 echte Autos auf uns gekommen. Da nun aber Vera-Tassis die Zahl von Calderons Autos sacramentales auf mehr als 100 („mas de cien") angibt, so ist die Vermutung Dr. Lorinsers[1]) nicht unbegründet, dass die beiden Sammlungen des Pando y Mier und des Apontes nur die für Madrid geschriebenen Autos enthalte, die verloren gegangenen aber für Toledo, Granada, Sevilla und Valladolid bestimmt waren, die der Autor nicht mehr in Abschrift besass und in den dortigen städtischen Archiven noch begraben liegen mögen. Doch sind bis jetzt keine derartigen Funde gemacht worden. Eine neuere Gesamtausgabe von Calderons Autos in Spanien ist bis jetzt nicht zu stande gekommen. Die 51 Autos sacramentales von verschiedenen Dichtern enthaltende Sammlung des Don Ed. Gonzalez Pedroso in der bekannten „Biblioteca de autores Espanoles Tom. 58 (Madrid 1865 neue Ausgabe 1884) enthält von Calderon nur 13 Stücke.

In Deutschland ist bis jetzt kein Auto Calderons im Urtext, geschweige denn eine Gesamtausgabe derselben durch den Druck veröffentlicht worden, obgleich nach dem Urteil der Zeitgenossen Calderons auf diese Werke sich sein höchster Dichterruhm gründete und auch deutsche Calderonkenner wie z. B. Schack a. a. O. III., 252 ff. mit diesem Urteil vollkommen einverstanden sind. „Die Nachwelt, bemerkt unter anderem Schack[2], kann nicht umhin, die Bewunderung des siebzehnten Jahrhunderts für diese Dichtungen zu teilen, sobald sie nur Selbstverleugnung genug besitzt, um sich aus dem so ganz verschiedenen Ideenkreise des Tages in die Weltanschauungen und die Vorstellungsweisen zu versetzen, aus denen die ganze Gattung von Dramen hervorgegangen ist. Calderons in Andacht dem Himmel zugewandter Geist scheint alle seine Kräfte in einem Brennpunkte koncentriert zu haben, um in den Autos das Höchste zu geben, was er zu leisten vermochte."

[1] In der Einleitung zu seiner Uebersetzung der geistlichen Festspiele Calderons I., 70.
[2] a. a. O. S. 252 und 253

Weit besser, als mit den Ausgaben der Autos, steht es mit den deutschen Uebersetzungen derselben, welche freilich lange genug auf sich warten liessen. Die Bahn brach hier der nachmalige Cardinal und Fürstbischof von Breslau, Diepenbrock, welcher im Jahr 1829 in seinem „Geistlichen Blumenstrauss"[1]) ein Auto Calderons „das Leben ein Traum" (wohl zu unterscheiden von dem gleichnamigen Schauspiel) in trefflicher Uebersetzung herausgab. Seinem Beispiel folgte Joseph Freiherr von Eichendorff, welcher von 1846 an 12 geistliche Schauspiele Calderons in echt poetischer Uebersetzung veröffentlichte.[2]) Das grösste Verdienst aber um die Autos hat sich Dr. Lorinser erworben, welcher in den Jahren 1856—1857 und 1861—1872 sämtliche 73 echte Autos in den Versmassen des Originals übersetzte[3]) und zugleich in der grösseren Gesamteinleitung und den Einleitungen zu den einzelnen Stücken nebst Erläuterungen schwieriger Stellen den einzigen bedeutenden Kommentar zu den Autos lieferte.[4]) Der zweihundertjährige Gedenktag von Calderons Tod (1881) gab den Anstoss zu einer neuen wesentlich umgearbeiteten Ausgabe,[5]) in welcher der Verfasser die Mängel der ersten so viel als möglich zu verbessern suchte und namentlich die in der ersten Ausgabe bis auf die beiden letzten Bände vernachlässigte Assonanz durchweg einführte, eine Aenderung, welche einen ganz bedeutenden Vorzug der neuen Ausgabe begründet.

Was den Stoff der Autos Calderons anbelangt, so ist derselbe meist aus der biblischen Geschichte des alten und neuen Testamentes, mitunter auch aus der vaterländischen Geschichte, (so in den zwei Teilen „König Ferdinand der Heilige") nicht selten sogar aus der Mythologie entnommen. Ein mannigfach variirtes Lieblingsthema des Dichters ist der Sündenfall und die Erlösung des Menschengeschlechtes. Das Personal ist fast durchgängig allegorisch: Die menschliche Natur, die Weisheit, die Schönheit, das Heidentum, das Judentum, die Laster, der Teufel, der menschliche Gedanke u. a. werden redend und handelnd eingeführt. Eine zwar nicht vollständige, aber passend nach dem Stoff gewählte Gruppierung der Autos, welche eine wenigstens annähernde Vorstellung von der überaus reichen Mannigfaltigkeit der-

---

[1] Sulzbach 1829, II. Ausgabe Sulzbach 1852.
[2] Zuerst erschienen 11 Stücke in 2 Bden. Stuttgart Cotta 1846 und 1853; dann im V. und VI. Bd. der sämtlichen Werke Eichendorffs. 2. Aufl. Leipzig 1864 vermehrt durch ein zwölftes Auto, „den Ehezwist".
[3] Die 2 ersten Bände erschienen 1856 und 1857 zu Regensburg bei Manz, die folgenden 16 zu Breslau im Selbstverlag des Verfassers 1861—1872. Ein Auto „das Festmahl des Belsazer" übersetzte Braunfels Frankfurt 1856, abgedruckt im span. Theater von Rapp , Kurz und Braunfels VI. Bd. S. 31 ff.
[4] Schätzbare Beiträge zum Verständnis der Autos liefern auch die 3 Programme Joh. Abert's „Gedanken über Gott, Welt und Menschenleben in den Autos sacramentales des Don Pedro Calderon de la Barca" Passau 1875. Abteilung II: „Die Existenz Gottes 1876 und „drei griechische Mythen in Calderons Sakramentsspielen" Passau 1882.
[5] Bis jetzt erschienen 9 Bände mit 34 Autos zu Regensburg, Manz 1882 und 1883.

selben gewährt, hat Baumgartner in der Einleitung zu seinem Festspiel[1]) aufgestellt. Er unterscheidet:

I. 8 Vorbilder des hl. Altarssakraments im alten Bund z. B. das Lamm der Wegzehrung. Die Aehren Ruths. Die eherne Schlange.
II. 7 parabolische Bilder der Eucharistie aus dem neuen Bund z. B. die Saat des Herrn. Der gute Hirt. Der Weinberg des Herrn.
III. 7 anderweitige Stoffe aus dem alten Testament z. B. das Gastmahl Balthasars. Das Fell Gideons. Der babylonische Turm.
IV. 4 anderweitige Stoffe aus dem neuen Testament z. B. Das Schiff des Kaufmanns. Der stumme Teufel.
V. 6 Stoffe aus der Legende und Kirchengeschichte, z. B. Die Andacht zur Messe. Der heilige Parnass. Der Aussatz Constantins.
VI. 11 Allegorien aus Welt- und Menschenleben, z. B. Das grosse Theater der Welt. Der Garten Falerinas. Die göttliche Philothea.
VII. 4 Allegorien aus der Natur, z. B. Gift und Gegengift. Der Ehezwist.
VIII. 6 mythologische Allegorien, z. B. Psyche und Cupido. Der wahre Gott Pan. Der göttliche Orpheus.

Das letzterwähnte Stück „El divino Orfeo" ist eine der vollendetsten Schöpfungen des Dichters. Eine kurze Inhaltsangabe desselben im Anschluss an Lorinsers[2]) meisterhafte Uebersetzung möge als Probe für Calderons Behandlung dieser erhabenen Schauspiele den Beschluss der Einleitung bilden.

Auf einem schwarzen Schiffe, das durch Lethes dunklen Strom steuert, erscheint als Corsar der Fürst der Finsternis, begleitet vom Neid, um die menschliche Natur, deren künftige Geburt er als gefallener Engel voraussieht, in seine Gewalt zu bringen. Da tönen plötzlich Harfentöne aus der Ferne in die formlose Welt des Chaos hinein. Das schwarze Schiff zieht sich auf die Seite zurück; im Hintergrund der Bühne aber eröffnet sich eine Glorie mit den Zeichen des Tierkreises und der Planeten geschmückt, und in ihrer Mitte steht der göttliche Orpheus; zu seinen Füssen ruhen die sieben Tage schlafend und in ihrer Mitte die menschliche Natur. Orpheus hebt an zu singen und weckt durch seine Stimme die Schlummernden. Ein Tag nach dem andern erhebt sich und zuletzt schlägt die menschliche Natur die Augen auf und kniet dankend vor ihrem Schöpfer nieder. Der göttliche Orpheus überträgt ihr die Herrschaft über die Erde und gibt sich nach so vieler Arbeit am siebten Tag der Ruhe hin: die Glorie, in welcher Orpheus steht, schliesst sich.

Der Fürst der Finsternis aber hört, wie die menschliche Natur durch ein Loblied gefeiert wird:

„Kund sei's allen Kreaturen,
Dass menschliche Natur den Sieg errungen."

[1] p. XLVII u. XLVIII
[2] a. a. O. 2 Auflage IV. Band S. 366—446.

In ohnmächtiger Wut ruft er in den Strom des Vergessens hinein und Lethe[1]) tritt hervor als Schiffer gekleidet mit einer Sense anstatt des Dreizacks. Ihm überträgt er die Herrschaft über die schwarzen Gewässer, mit dem Befehl, jeden der sich dem Strome nahe, in sein düsteres Reich zu versenken. Der Fürst selbst aber begibt sich, um die menschliche Natur zu verführen, mit dem Neid in ländlicher Tracht in das Paradies, wo die menschliche Natur, die sieben Tage und das Vergnügen sich des neuen Daseins erfreuen. Nur zu bald gelingt es den beiden, die menschliche Natur zum Genuss des verbotenen Apfels zu verführen. Aber kaum hat sie davon gekostet, da wird sie von unsäglichen Schmerzen gepeinigt und klagt, dass die ganze Natur umgewandelt sei.

„Wehe! Zwischen Tag und Tag
Jetzt die Nacht sich scheidend stellte!
Wie dunkel, wie traurig, wie schwarz, wie erschrecklich!
Das Bild meiner Sünde! O welches Entsetzen!"

Erschöpft und todesmatt fällt sie in die Arme des Fürsten, der sie „als Corsar des Meeres und der Erde Räuber" dem Lethe als Beute für sein Reich übergibt. Da tritt der göttliche Orpheus auf und vernimmt von den 6 Tagen, dass „ein grausamer Räuber — zum dunklen Gewässer — Eurydice schleppte." Weinend über die verlorene Braut, die seine Liebe ihm so schlecht vergolten, beschliesst er sie zu befreien. Mit einer Harfe auf den Schultern, die in Form eines Kreuzes gebaut ist, steigt er hinab an Lethes Ufer, ruft den Fährmann heraus und verlangt freiwillig die Ueberfahrt. Lethe will sie ihm verweigern und droht ihm den Tod zu geben, wenn er seinen Kahn besteige. „Ich will es dir gestatten", ruft Orpheus. Da schlägt ihn Lethe zu Boden, sinkt aber im nämlichen Augenblick kraftlos zusammen, während Orpheus in die Saiten der Harfe greift und über ihm hinweg in das Schattenreich schreitet mit dem klagenden Rufe:

„Mein Vater, o mein Vater,
Warum hast du mich verlassen?"

Da vernimmt man plötzlich ein furchtbares Getöse von Donner und Erdbeben „Weh' mir, weh'! ruft der sechste Tag,[2]) alles Licht meiner Augen wird mir zum Schatten!" und sinkt in Ohnmacht. Bestürzt umringen ihn die andern Tage. Aber auf einmal ertönt Musik und Orpheus erscheint auf dem schwarzen Schiff an den

---

[1] Dem Dichter fliesst der Fluss und sein Fährmann hier zu einer Person zusammen, weshalb er auch dem Fährmann selbst den Namen Lethe gibt. „Lethe ist ihm der personificirte Höllenfluss, gewissermassen ein unterirdischer Neptun, der auch seinen eigentümlichen Dreizack, die Sense, hat und dadurch an seine allegorische Bedeutung, den Tod selbst zu repräsentiren, erinnert." Lorinser a. a. O. S 386.

[2] „Der sechste Tag, als der Todestag des Erlösers, empfindet die Schrecken heftiger und gewaltiger als die anderen." Lorinser a. a. O. S. 444.

Mast gelehnt, welcher ein Kreuz bildet, den besiegten Tod (Lethe) zu seinen Füssen und singt:

„Oeffnet, öffnet eure Pforten
Finsternisse nun und Schatten;
Thuet Thor und Riegel auf
Eures Kerkers, löst die Banden!"

Jetzt öffnet sich ein Felsen, die menschliche Natur tritt heraus und dankt dem Bräutigam, der sie erlöst, für seine unendliche Liebe. Gleich darauf erscheint ein zweites vergoldetes Schiff, „das Schiff des Lebens", mit weissen und roten Wipfeln und Fahnen, auf denen die Symbole der Sakramente gemalt sind. Die Leuchte bildet ein grosser Kelch mit der Hostie. Die Tage nehmen die menschliche Natur in Empfang und geleiten sie in das Schiff, das sich in Bewegung setzt. Am Mastbaum aber steht der fünfte Tag mit einem Schild, auf dem die Symbole der Eucharistie abgebildet sind und spricht:

„Und der Tage fünfter ist es
Donnerstag, der's offenbarte [1])
Wie, ob tot auch, dennoch lebend,
Unter Brot- und Weingestalten
In der Hostie, in dem Kelche,
Wahrhaft Fleisch und Blut enthalten."

So segeln denn die beiden Fahrzeuge dahin, während unter Begleitung der Musik der Doppelchor der Tage abwechselnd mit Orpheus den freudigen Schlussgesang anstimmt:

„Nun die menschliche Natur
In dem Schiff der Kirche fahre.
Segle glücklich! Selig fahre!
Denn der Kirche Schiff ja ist
Dieses Lebens Schiff, das wahre.
Segle glücklich! Selig fahre!"

---

[1] „Weil der Donnerstag der Tag der Einsetzung des hl. Abendmahles und desshalb dem hl. Sakrament besonders geweiht ist." Lorinser a. a. O. S. 444.

Calderons Dramen
aus der spanischen Geschichte.

Zehn Dramen Calderons gehören der spanischen Geschichte an. Auch sie beruhen, wie die sog. heroischen Schauspiele, auf den drei allgemeinen Prinzipien der Ehre, Liebe und unerschütterlichen Treue des Unterthanen gegen den Herrn, nur dass hier noch begeisterte Liebe zum Vaterland und dessen Einrichtungen, zu den Unternehmungen und Absichten der spanischen Regierung hinzutritt. Besonders bemerkenswert ist in diesen Stücken die auf die Spitze getriebene Verherrlichung der Königsgewalt. Während die älteren Dichter, wie Guillen de Castro und Lope de Vega den König ganz im Licht der gewöhnlichen Sterblichen und oft mit ihren schlimmsten Eigenschaften behaftet zeigen, scheinen Calderons Könige einer ganz anderen Weltordnung anzugehören, als die gewöhnlichen Sterblichen. „Sie scheinen, bemerkt treffend Schack,[1]) von den Banden und Gesetzen der übrigen Menschen frei zu sein; sogar ihre Fehler und Schwächen werden in einem verschönernden Lichte dargestellt. Die Verehrung des Dichters für die absolute Macht war so gross, dass er glaubte, die Repräsentanten derselben nur in einer gewissen Entfernung zeigen zu dürfen und sie desshalb auch nicht in ihren Privatverhältnissen oder Staatshandlungen, sondern gleichsam als höhere Mächte geschildert hat, welche wie eine Providenz über die Schicksale der Welt schalten. So übermächtig ist nach ihm die Pflicht der Unterwürfigkeit gegen den angestammten Herrscher, dass dieser selbst die Gesetze der Ehre zum Opfer gebracht werden." Damit hängt auch ein besonders in dieser Klasse von Dramen hervortretender Charakterzug des leidenschaftlichen Spaniers zusammen, die Uebertreibungssucht, welche sich namentlich darin gefällt, ein durch spanische Begriffe von der Ehre förmlich zu einem Sittengesetz erhobenes Vorurteil unerbittlich bis zur äussersten Consequenz zu verfolgen. So konnte z. B. ein Spanier die Verwerflichkeit einer That einsehen und war doch nach spanischen Begriffen verpflichtet, sie auszuführen, sobald der König sie verlangte. Wenn nun auch der letztere Umstand den mit spanischer Sitte oder mit spanischem Vorurteil nicht Vertrauten manchmal unangenehm berühren mag, so ist doch das sicher, dass

[1]) III, 148.

diese Schauspiele aus der spanischen Geschichte uns vielleicht mehr als geschichtliche Urkunden überraschende Blicke in das geistige Leben, die Sinnesart und Sitte des spanischen Volkes im siebzehnten Jahrhundert werfen lassen. Dagegen hat Calderon kaum den Versuch gemacht, Gemälde aus der spanischen Vergangenheit mit historischer Treue darzustellen; vielmehr hat er die Anschauungen des siebzehnten Jahrhunderts, in welchem er lebte, in die Vergangenheit hineingetragen. „Wir erhalten zwar, sagt Schack,[1]) im allgemeinen ein lebendiges Gemälde spanischer Sitte und Sinnesart, aber im Grunde sind es doch immer Sitten und Denkweise des siebzehnten Jahrhunderts, nicht die der Periode, in welcher die Handlung vorgeht; auch fallen die von ihm dargestellten Thaten und Ereignisse selten mit grossen welthistorischen Momenten zusammen, es sind eigentlich immer nur Privatbegebenheiten, die weder wesentlich mit der Geschichte zusammenhängen, noch in denen der Geist der Vergangenheit sich deutlich abspiegelt; die historischen Personen treten nur beiläufig auf und sind nicht wesentlich bei der Aktion beteiligt." Dazu kommt, dass wie in den Werken Shakespeares, so auch in den geschichtlichen Dramen Calderons zahlreiche Anachronismen und geographische Versehen sich finden, von denen aber sicher manche nicht auf wirkliche Unkunde, sondern auf Uebereilung, Nachlässigkeit oder Gedächtnisfehler des Dichters zurückzuführen sind. Immerhin aber gehören, trotz dieser Mängel, die Schauspiele Calderons aus der spanischen Geschichte nach dem übereinstimmenden Urteil zweier um Calderon hochverdienter Kenner[2]) mit Ausnahme vielleicht eines einzigen Stückes „der Belagerung von Breda" — zu den vorzüglichsten Werken der Spanier, ja zu den vorzüglichsten Werken der Dichtkunst überhaupt.

§ 1.
El sitio de Bredá. (Die Belagerung von Breda.)[3])

I. Akt. Espinola, der Oberanführer des Belagerungsheeres, hält Ende August 1624 eine Musterung über die Truppen der Spanier und ihrer Verbündeten und einen Kriegsrat mit den Heerführern. Nachdem er die glänzendsten Thaten einzelner Führer, so namentlich des Gonzalo de Cordoba, „des neuen Hamilkar", gepriesen, legt er die Frage vor, ob Grave oder Breda zuerst genommen werden solle, und als die Meinungen geteilt sind, entscheidet Espinola für Grave. Der Marquis v. Barlanzon und der Graf Juan de Nassau sollen mit ihren deutschen Truppen die Vorhut bilden, den Nachtrab aber die Spanier unter Don Francisco de Medina; letztere erhalten aber den geheimen Befehl, auf dem Wege plötzlich umzukehren und Bredas nächste Umgebung zu überrumpeln.

In einem Garten am Eingang eines Dorfes unmittelbar vor Breda sucht die junge Wittwe Flora mit ihrem alten Vater Alberto und ihrem Sohn Carlos Linderung

---
[1] III, 98.
[2] Schack III, 147 und V. Schmidt a. a. O. S. 196.
[3] H ('= Hartzenbusch I, 110–128 K. = Keil I, 235–259.

ihres Leides. Während eben Heinrich von Nassau sich mit ihr unterhält, schickt ihm Prinz Moriz durch den Engländer Morgan den Befehl, unverzüglich mit einem Teil seines Heeres zum Schutze Graves aufzubrechen; sein Bruder Justin von Nassau aber wird Gouverneur von Breda. Allein kaum ist Heinrich abgezogen, da kommen die Spanier und erobern das Dorf; Flora aber entkommt samt den Ihrigen durch die Hilfe eines edlen Spaniers, des Don Fadrique, unverletzt nach Breda. Espinola beglückwünscht den Medina wegen des glücklichen Erfolgs. Dem Marquis von Barlanzon wird ein Bein abgeschossen; doch er spricht scherzend:

„¿ Piernas me quitan, y me dejan manos?"

II. Akt. Es ist Januar 1625. Espinola schreibt in seinem Zelt, liest Zeitungen und spricht mit dem Kapitän Alonso Ladron und einem Ingenieur. Da dringt eine Kugel in das Zelt; allein Espinola arbeitet ruhig weiter. Die spanischen Offiziere wetteifern mit den Gemeinen bei den Umzäunungsarbeiten, so dass Espinola in deren begeistertes Lob ausbricht:

„¡ Oh españoles, oh portentos
De la milicia, y asombro
Del mismo Marte!

In dem belagerten Breda aber wütet Hunger und Pest, weshalb Justin und sein Ratgeber Morgan den Befehl erlassen, dass alle Greise über 60 und Knaben unter 15 Jahren die Stadt verlassen müssen. Darnach würde Flora Vater und Sohn verlieren. Aus Gnade lässt ihr der Gouverneur die Wahl, einen zu behalten und bewilligt ihr eine Stunde Bedenkzeit; Flora entscheidet sich nach schwerem Kampf für den Vater gegen den Sohn. — Im spanischen Lager ist inzwischen der Prinz von Polen, den der Ruhm der Belagerung und des Führers herbeigerufen hatte, angekommen und glänzend empfangen worden. Espinola reitet mit ihm allein durch das ganze Lager und beschreibt ihm aufs anschaulichste sowohl die Befestigungswerke als auch die Stadt Breda selbst. Während der dreitägigen Waffenruhe unterhalten sich spanische Offiziere mit Damen der Stadt auf der Festungsmauer, unter diesen Flora, welche ihren Retter Don Fadrique, den sie liebt, sucht und findet.

III. Akt. Im Mai 1625 ist die Not der Belagerten auf das höchste gestiegen, zumal da die Spanier die Greise und Kinder wieder in die Festung zurückgetrieben hatten. Die Einwohner und besonders die Frauen, für welche Flora in langer leidenschaftlicher Rede das Wort führt, verlangen stürmisch die Uebergabe der Stadt. Der Gouverneur Justin, welcher die Stadt um keinen Preis übergeben will, erwirkt noch den Aufschub des einen Tages — es ist der 13. Mai — an welchem, wie er vernommen, Heinrich von Nassau mit neuen Truppen Espinolas Lager angreifen und Breda entsetzen soll.

Das holländische Heer, 30,000 Mann stark, rückt heran und greift die Verschanzungen der Italiener an, welche anfangs zurückweichen. So sehr die Spanier vor Begierde brennen, sich in den Kampf zu stürzen: der strenge Befehl Espinolas, kein Soldat dürfe seinen Posten verlassen und nur die angegriffene Schanze dürfe sich verteidigen, hält sie zurück. „Der Gehorsam, [1]) so ruft Gonzalo dem kampflustigen Alonso zu, legt im Felde dem Soldaten an die allerstärkste Fessel. Grössern Ruhm und grössern Namen, als mit Mut den Wall erstürmen, bringt es willig sich zu fügen." Endlich stellt der Italiener Carlos Roma die Ordnung unter den Italienern wieder her, die Holländer weichen und damit ist auch Heinrichs Plan, der Entsatz Bredas, gescheitert. Er zieht sich zurück und ruft dem Gouverneur Bredas zu, die Festung zu übergeben. Morgan erscheint auf der Mauer und verkündet, dass Justin zur Uebergabe bereit sei. Die Friedensunterhandlungen, welche der Graf Vergas und Barlanzon mit seinem hölzernen Bein in der Stadt Breda leiten, ziehen sich namentlich deshalb in die Länge, weil die fremden Truppen im Lager Espinolas als Ersatz für die erlittenen Strapazen die Plünderung der Stadt fordern. Da erklären die spanischen Truppen edelmütig, alle ihre Habseligkeiten und Schätze den Belagerten geben zu wollen; jetzt geben auch die übrigen Truppen nach und die Kapitulation kommt unter annehmbaren Bedingungen zu stande: Allgemeine Amnestie, Zusicherung der Religionsfreiheit für die in Breda Zurückbleibenden, Abzug der protestantischen Prediger aus der Stadt, Freilassung der beiderseitigen Gefangenen. Darauf verlässt die Besatzung von Breda mit fliegenden Fahnen, 4 Kanonen und 2 Mörsern auf der einen Seite die Stadt, auf der andern aber zieht Espinola mit den Seinen ein. Die spanische Flagge wird aufgepflanzt und laut erschallt der jubelnde Ruf der Sieger:

„¡ Bredá por el Rey de España!"

Wie aus dem Drama selbst mit ziemlicher Sicherheit hervorgeht, hat Calderon die Belagerung von Breda, deren Uebergabe am 2. Juni 1625 erfolgte, im jugendlichen Alter von 24 Jahren selbst mitgemacht und wie die Schlussworte beweisen:

„Y con esto se da fin   „Und somit ist denn geschlossen
Al Sitio, donde no puede   Die Belag'rung, wo der Dichter
Mostrarse mas quien ha escrito   Sich nicht weiter zeigen durfte,
Obligado á tantas leyes,"   Schwere Vorschriften befolgend,"

sein Erstlingsdrama auf höhere Veranlassung noch im gleichen Jahr 1625 zur Verherrlichung seines Vaterlandes, verdienter spanischer Familien und Generale, besonders aber des Oberkommandanten des Belagerungsheeres, des Genuesers Spinola, verfasst. Da der Dichter Augenzeuge der langwierigen Belagerung war und zudem viele Einzelheiten, so namentlich die einlässliche Beschreibung der Belagerungswerke und der Stadt Breda unmittelbar von Spinola oder aus den Archiven des Heeres erhalten zu haben scheint, so erklärt es sich, dass Calderon in diesem Stück unbedeutende Einzelheiten, wie Floras Liebesroman abgerechnet — sich weit mehr als in seinen anderen geschichtlichen Dramen streng an das Geschichtliche hält und fast alle auftretenden Persönlichkeiten historisch sind[2]). Auch der polnische Prinz, dessen

---

[1] H. 1, 124, 1 vgl. Schmidt S. 198
[2] Vgl. Juan de Ferreras königl. Bibliothekar zu Madrid 1652—1735 Allgemeine Historie von Spanien fortgesetzt von Ph. E. Bertram XI. Bd. Halle 1762 S. 435. 443. 444 457 u. 461. Das Hauptwerk über Bredas Eroberung schrieb Herm. Hugo: „Obsidio Bredana armis Philippi IV, auspiciis Isabellae, ductu Ambrosii Spinolae perfecta." Antwerpen 1626. 1629.

— 42 —

Namen Calderon nicht nennt, gehört der Geschichte an: es ist Wladislaus Sigismund, Grossherzog von Moskau, Fürst von Polen und Schweden, welcher zum Besuch der Erzherzogin Isabella 1625 nach Brüssel gekommen und von da aus Interesse für die Kriegskunst nach Breda gezogen war, um sich die Belagerung anzusehen.[1]) Den Mittelpunkt des Ganzen aber bildet der Genueser Spinola, welcher bekanntlich auf seine Vorstellungen über die ungeheuren mit der Belagerung Bredas verknüpften Schwierigkeiten von dem damals kaum zwanzigjährigen König Philipp IV. die berühmte lakonische Antwort erhielt: „Marques, sumais Bredá. Yo, el Rey"[2]) („Marquis, nehmet Breda. Ich der König.") Calderons Drama bezeichnet den Höhepunkt des Ruhmes dieses hochherzigen und grossen Feldherrn Spaniens, der bald darauf wider Willen zur Unthätigkeit verurteilt schliesslich am 15. Sept. 1630 auf dem Schlosse Scrivia im Tortonesischen starb, wahnsinnig geworden, weil es ihm nicht gelungen war, innerhalb der versprochenen Zeit von 6 Wochen die Citadelle von Casale zu erobern.

Das Drama hat den Dichterruhm Calderons begründet und ihn aus dem spanischen Lager in den Niederlanden an den Königshof von Madrid geführt. Als Jugend- und zugleich Gelegenheitsstück enthält das Werk allerdings manche Mängel, so namentlich die planlose Aneinanderreihung der kriegerischen Ereignisse, zahlreiche Concessionen an den sog. estilo culto[3]) z. B. die pomphafte, ruhmrednerische Darstellung der Macht Philipps im Munde Spinolas und des polnischen Prinzen am Schluss des I. Aktes (H. I, 122, 2), den plumpen Lobspruch, den Spinola der spanischen Nation mit den Worten erteilt (II. I. 126, 1):

„De la gentilidad dudo,
Que por Dios hubiesen dado
Altares á Marte armado,
Y no á un español desnudo,"

und endlich den angefangenen, aber nicht zu Ende geführten Liebesroman der Flora und des Don Fadrique: ein Fehler, dessen sich sonst Calderon nie schuldig gemacht hat.[4]) Auf der anderen Seite aber weist das Werk auch viele herrliche und schwungvolle Stellen lyrischer und epischer Art auf, so z. B. die Scene, in welcher Flora zu Gunsten ihres alten Vaters den geliebten Sohn aufgibt (II. I, 118 u. 119) oder die Schilderung der Stadt Breda und der Belagerungswerke durch Spinola (II. I, 121 und 122), welche mit den Worten beginnt:

---

[1] Vgl. Herm. Hugo „Obsidio Bredana" p. 35 und 36 „Is Sigismundus militiae non minus amans, quam peritus, multis etiam nobilissimis victoriis clarus, cum obsidionis lustrandae cupiditate teneretur, in Bredana castra extremo Septembri perductus est. Postridie ad reliqua castra perspicienda solus cum Spinola equitavit."
[2] Ferreras a. a O. XII, Halle 1769 S. 112 u. 113.
[3] „Ferner, höherer Stil!" Losungswort des span. Dichters Gongora (1561—1627), des Hauptvertreters eines schwulstigen, überladenen und gelehrten Stils.
[4] Vgl. V. Schmidt S. 199.

„Esta, Principe excelente,	„Dieses, hocherhab'ner Fürst,
Es Bredá invencible, y esta	Ist Breda, das unbesiegte,
Es del rebelde enemigo	Dieses des empörten Feindes
La mas importante fuerza."	Wichtigste und stärkste Feste."

Die alten Generale der Spanier und ihrer Verbündeten zeichnen sich fast durchweg (besonders der Marquis Barlanzon mit seinem durchschossenen und später hölzernen Bein) durch eine gewisse natürliche Derbheit und einen drolligen Humor aus, der den blutigen Ernst des Ganzen angenehm unterbricht. Namentlich aber ist das Treiben des Heeres im Lager und in der Schlacht, sowie die Abschliessung und endliche Annahme des Vertrags überaus plastisch und anziehend geschildert. Gleichwohl hat das Drama, wohl als Jugendstück des Dichters, bis jetzt noch keinen Uebersetzer[1]) und überhaupt wenig Berücksichtigung gefunden. Am ausführlichsten besprochen ist es in den trefflichen Calderonstudien des gelehrten Dekan J. J. Putmann[2]) „Studien over Calderon en zijne geschriften" Utrecht Bejers 1880 p. 31—56. Gegenüber der früher von Schmidt (S. 199) und auch von Schack (III, 172) ausgesprochenen Ansicht, dass Calderons Gedicht ein glühender Hass gegen die Feinde Spaniens und der katholischen Religion durchwehe, hat Hartzenbusch[3]) mit Recht bemerkt, dass in „El sitio de Bredá die protestantischen Verteidiger der Festung, namentlich Justin von Nassau, mit durchaus edlen und würdigen Farben geschildert sind, Calderon also eine wirkliche Feindseligkeit gegen sie nicht zu erkennen gibt. Einzelne herbe Aeusserungen von Unduldsamkeit im I. Akt z. B. Barlanzons Frage (II. 1, 115,2): ¿ Qué piensan estos perros luteranos? sind sicher nicht auf Calderons persönliche Gesinnung, sondern auf die gereizte Stimmung der durch die langwierige Belagerung erbitterten Soldaten und Führer zurückzuführen.

§ 2.

El postrer duelo de España. (Der letzte öffentliche Zweikampf in Spanien.)[4])

I. Akt. In Saragossa hält der jugendliche König Spaniens, Kaiser Karl V. seinen Einzug unter den jubelnden Rufen der Menge:

„¡ Nuestro heróico César viva!
¡ Viva el invicto Rey nuestro! Viva Cárlos!"

Bei den zu Ehren Karls angestellten Festlichkeiten treffen sich zwei junge, innig befreundete Edelleute, Don Pedro Torellas und Don Jerónimo de Ansa. Ansa erzählt seinem Freunde, dass er eine Dame von wunderbarer Schönheit (ihren Namen nennt

---

[1]) Eine kleine Uebersetzungsprobe — Anfang der Beschreibung der Stadt Breda durch Spinola — findet sich in den Stimmen von Maria Laach Bd. XXIV, 1883 S. 292—293 in einem Artikel „Niederländische Skizzen von A. Baumgartner S. J.

[2] Mit Recht bemerkt Putman p. 31: „Dat dit Drama niet tot Calderon's beste stukken behoort, wordt algemeen erkend, en daaraan zal het dan ook wel zijn toe te schrijven, dat het, voor zoo ver ik heb kunnen navorschen, nooit in eene andere taal, wat met het meerendeel zijner drama's wel het geval is, werd overgezet."

[3] IV. 175 vgl. V. Schmidt S. 515 Bemerkung des Herausgebers

[4] II IV. 127—150. h. II, 244—272

er nicht) liebe, aber von ihr verschmäht werde; er vermutet, dass er einen glücklicheren Nebenbuhler habe. Bald darauf tritt der Kaiser mit glänzendem Gefolge auf; Doña Violante de Urrea, die Tochter des verstorbenen Don Diego, überreicht in Trauerkleidung dem Kaiser eine Bittschrift um ihr väterliches Erbe. Karl verspricht, ihre Sache zu untersuchen und entlässt sie mit gnädigen Worten. Bei dieser Gelegenheit entdeckt Ansa seinem Freund, dass Violante seine Geliebte sei und bemerkt zugleich, dass er noch in der Nacht ihr eine Serenade bringen wolle. Violante aber ist die Braut des Torellas und dieser hat ihr das tiefste Stillschweigen über ihre Verlobung geloben müssen. Die Qualen der Eifersucht verbinden sich bei Torellas mit den Zweifeln über die Gesetze der Ehre und Freundschaft und über das Gelöbnis des Stillschweigens: nach schwerem Kampf entschliesst er sich, in allem nur der Ehre zu folgen:

„Que ántes que todo es mi honor,
Y él ha de ser el primero."

Es ist Nacht und Torellas im Zimmer der Braut, welche vergeblich den bekümmerten Verlobten aufzuheitern versucht. Da ertönen auf der Strasse die Klänge der Musik und Lieder zu Ehren Violantes:

„A los jardines de Chipre
Entró Amor, cuando la aurora" . . .

Umsonst sucht Violante den Geliebten zurückzuhalten; er stürzt in die Nacht hinaus, um seinen Nebenbuhler zu treffen.

II. Akt. Torellas trifft auf der Strasse mit Ansa zusammen. In der Hitze des Streites bestimmen sie Zeit und Ort zum Zweikampf. Obgleich Violante, um den Zweikampf zu hindern, verschleiert zu Torellas gekommen ist und ihm vor Beantwortung ihrer Bittschrift die Hand zu reichen verspricht, stellt sich Torellas dennoch auf dem Kampfplatz, einem verborgenen Gehölz bei Belflor, ein. Allein da sein Pferd an einem Baumstamm gestrauchelt ist, hat er den Arm beschädigt; gleichwohl will er keinen Aufschub des Kampfes, den Ansa grossmütig anbietet. Sie kämpfen, aber bald entsinkt Torellas' Hand der Degen. Unfähig weiter zu kämpfen, bittet er seinen Gegner, ihm den Tod zu geben. Doch dieser will von seinem Vorteil keinen Gebrauch machen und gelobt feierlich, niemanden den für seinen Gegner demütigenden Ausgang zu verraten. Darauf entfernen sich beide. Allein in einem nahen Gebüsch versteckt hat der Bauer Benito den ganzen Hergang mitangesehen. Kaum haben sich die beiden Rivalen entfernt, da erscheint als Jägerin mit einem Jagdspiess und von Landleuten gefolgt Serafina, eine vornehme Dame, welche ihrem Vetter Torellas zur Gemahlin bestimmt zu ihrem Schmerz sich von ihm verschmäht sieht. Ihr erzählt der Bauer Benito, der sich auch die Namen Ansa, Torellas und Volante (statt Violante) gemerkt hat, den ganzen Hergang des Zweikampfs. Serafina aber beschliesst, das Gehörte zu benützen, um an ihrem Vetter, der sie verschmäht, die empfindlichste Rache zu üben. Die Gelegenheit bietet sich bald.

Torellas ist im Zimmer Violantes und will Abschied nehmen, da er sich schämt, länger seinem Nebenbuhler unter die Augen zu treten. Da kommt Serafina als angebliche „Freundin" auf Besuch zu Violante und erzählt ihr im Beisein Torellas in einer für beide schlau berechneten die Ehre Torellas' vernichtenden Weise den Vorgang. Violante, welche den Trug ahnt, den ihre „Freundin" der Wahrheit beigemischt hat, bewahrt ihrem Verlobten auch jetzt noch ihre Achtung und Liebe, aber höher, sagt sie, als seine Liebe, gelte ihr seine Ehre, und deshalb fordert sie ihn auf, nicht eher wieder vor ihr zu erscheinen, als bis er seine Ehre gerächt oder selbst den Tod gefunden habe:

„Y así, adios, hasta miraros,
Don Pedro, vengado ó muerto."

III. Akt. Torellas von Scham niedergedrückt verlässt Saragossa. Da hört er auf der Heerstrasse den Bauern Benito, der im Verein mit der Bäuerin Gila einen Esel vor sich hertreibt, das Spottlied singen:

„Salieron á renir dos caballeros,
Cayósele la espada al uno dellos."
„Es kämpften zwei Ritter, den Degen in der Hand;
Dem einen entfiel er sogleich in den Sand."

Bald darauf erscheint auch Ansa. Wütend, dass seine Schmach, wie er meint, durch Ansas Schuld, bereits zum Gespött der Bauern geworden, fällt Torellas seinen Nebenbuhler an. Während sie kämpfen, kommt der Admiral von Castilien, der bei Torellas und der Markgraf von Brandenburg, der bei Ansa Quartier genommen hat; darauf der Connetable von Castilien und schliesslich Kaiser Karl selbst, der eben auf dem Wege nach Valladolid, wo Volksunruhen ausgebrochen sind, begriffen ist. Torellas berichtet nun dem Kaiser sein unverschuldetes Unglück beim Zweikampf, beschuldigt den Ansa, der seine Schmach zum Sprichwort gemacht habe, des Wortbruchs und verlangt zur Herstellung seiner Ehre einen feierlichen Zweikampf als Gottesgericht in Gegenwart des Kaisers. Der Kaiser bewilligt die Bitte und überlässt seinem Connetable die Anordnung; dieser bestellt beide Gegner auf den Schlossplatz von Valladolid, der Admiral wird Torellas', der Markgraf Ansas Sekundant. Die Ritter brechen auf nach Valladolid; auch Violante, welche von Torellas' Diener Gines den Hergang erfahren, reist nach und ebenso Serafina, welche von Benito und Gila unterrichtet, Reue empfindet und Benito, den Augenzeugen des ersten Zweikampfes, mitnimmt.

Auf dem Kampfplatz von Valladolid setzt sich unter dem Schall der Trommeln und Trompeten Kaiser Karl auf einen Thron, mit einem goldenen Stab der Gerechtigkeit in der Hand, weiter unter ihm der Connetable auf einen andern Thron, vor ihm ein Tisch, und auf diesem ein Messbuch, zwei Harnische, zwei Streitäxte und zwei Degen. Am Fuss der beiden Throne stehen vier Herolde; um die Schranken drängt sich die versammelte Volksmenge. Darauf folgt das feierliche Ceremoniell nach dem alten strengen Recht der Ordalien, vor allem der Schwur der beiden Gegner beim hl. Evangelium, dass nicht Hass oder Rache, sondern nur die Rücksicht auf die Ehre sie zum Kampf bestimme; sowie dass sie beim Kampf selbst keine abergläubischen Namen, Worte oder Zauberformeln gebrauchen werden. Auf die Worte des Connetable: „Tocad al Ave-María", ertönen 9 Schläge auf der Trommel und alles beugt die Kniee zum Gebet. Darauf ruft der Connetable: „die Visiere herab! zu den Waffen!" und Torrellas und Ansa kämpfen mit heldenmütiger Tapferkeit, zuerst mit den Streitäxten, dann mit den Degen und zuletzt fassen sie sich mit den Armen. Da aber keiner den andern zu besiegen vermag, wirft endlich der Kaiser den Stab hinab, zum Zeichen, dass der Kampf beendigt sei: mit Mühe trennen die Sekundanten die erbitterten Gegner. Serafina erklärt, dass nicht Ansa, sondern Benito das Geheimnis verraten habe und der Kaiser versöhnt die beiden Gegner. Torrellas hat mit der Ehre zugleich die geliebte Violante wiedergewonnen, während Ansa der Serafina die Hand reicht. Kaiser Karl aber bemerkt, er werde an Papst Paul III. schreiben und ihn demütig bitten, er möge dieses „barbarische, tyrannische, von den Heiden ererbte Gesetz des Zweikampfes" auf dem Koncil zu Trient in seinem Königreich gänzlich verbieten und schliesst das Ganze mit der Erklärung, dass dies der letzte Zweikampf in Spanien sein werde:

„Si en este duelo se acaban
Los duelos de Espana, este
El postrer duelo de España."

Was den feierlichen öffentlichen Zweikampf des III. Aktes, den Mittelpunkt dieses nach Hartzenbursch[1]) im Jahr 1667 zu Madrid aufgeführten Dramas, anlangt, so gehört derselbe der Geschichte an und begann am 29. Decbr. 1522 um 11 Uhr vormittags. Der Zweikampf ist nämlich von einem niederländischen Edelmann, Namens Heuter Delff, welcher Augenzeuge war, beschrieben. Der Anfang dieser ins Deutsche übersetzten Beschreibung[2]) lautet: „Zu Valladolit haben 2 von Adel, in Gegenwart Kaisers Caroli V. und dessen aufwartenden Obermarschalles des Königreichs Castilien, auf öffentlichem Mark, liederlicher Ursachen halber, mit einander gefochten. Sie waren beide aus einer Stadt, nemlich aus Caragoça, bürtig, beede über 25 Jahre noch nicht alt, beede von fürtrefflichem uraltem Geschlecht, deren Vorfahren zusamm geheurathet und die vorhin rechte Kernfreunde und gute Spiesgesellen gewesen. Als sie das erstemal in geheim fochten, ward dem Peter Torellio (so hiesse der eine) von seinem Gegentheil, Hieronymo Anca, das Rappier aus der Hand geschlagen." Unter anderem wird darin auch erzählt, dass ein Dorfpfarrer die Sache verraten habe; bei Calderon ist der drollige Bauer Benito der Verräter. Wahrscheinlich aber hat Calderon, wie V. Schmidt (S. 219) vermutet, das im Jahr 1618 erschienene Werk des Prudencio de Sandoval, Vida y hechos del Emperador Carlos quinto t. I, p. 566 bis 570 (Pamplona 1618 fol.) als nächste Quelle benützt. Wenigstens wird der Hergang des feierlichen Duells bei Calderon und Sandoval im wesentlichen ganz über-

---

[1] IV, 679.

[2] Die Beschreibung findet sich in dem Werk: »Leben, Regierung und Absterben der Könige in Hispanien.« Nürnberg 1684 S. 491 vgl. V. Schmidt S. 219.

einstimmend berichtet; dies gilt namentlich von dem Schwur der beiden Gegner, nur zum Schutz ihrer Ehre zu kämpfen und beim Kampf keine unehrlichen und abergläubischen Mittel anzuwenden. Ueberhaupt hat sich Calderon bei der Schilderung des Ordalienrechts streng an das Geschichtliche gehalten, wie eine Vergleichung des Artikels „Duellum" in Du Cange Glossarium mediae et infimae Latinitatis tom II. Parisiis 1842 p. 949—959 beweist. Hier heisst es unter anderem (p. 951): „Sacramenta, quae in his occasionibus de more fiebant, super sanctam Crucem, sanctas Reliquias aut sancta Evangelia proferebantur" (Charta Theobaldi Comitis de juramentis) und sodann: „Ne maleficio quovis uterentur pugnam inituri, a praepositis duello judicibus sollicite examinabantur, nullumque sortilegium adhibuisse jurare ipsos jubebant." (Consuet. Norman. part. 2. cap. 2.) Dagegen zeigten die Gegner beim Kampf selbst nach der Geschichte eine noch grössere Erbitterung, als bei Calderon, so dass sie nur mit Gewalt getrennt werden konnten und sich nicht versöhnen wollten, weshalb der Kaiser sie ins Gefängnis werfen liess und nicht eher frei gab, als bis sie sich die Hände reichten und aller Feindschaft entsagten. Was ferner die Veranlassung zum feierlichen Zweikampf betrifft, so hat sie der Dichter entweder einer Volkssage entnommen, oder, was wahrscheinlicher sein wird, selbst erfunden. Den Charakter eines Volkslieds hat jedenfalls das Spottlied des Bauern Benito am Anfang des III. Aktes „Salicron" u. s. w., während die mehr kunstmässigen Lieder, (II. 130 und 131) mit welchen im I. Akt die Landleute mit Benito und Gila an der Spitze die betrübte Serafina aufzuheitern suchen, sowie die gleich darauf folgenden Serenadelieder (II. 132) zu Ehren Violantes wohl auf Calderon zurückzuführen sind. Dass die Worte, welche der Dichter am Schluss des Stücks dem Kaiser Karl in den Mund legt, dass dies der letzte Zweikampf in Spanien sein werde, wirklich in Erfüllung gegangen sind, dürfen wir nicht bezweifeln, zumal da wirklich das Concil von Trient[1]) den Zweikampf mit den schwersten Kirchenstrafen belegt und in allen christlichen Ländern als gottlos verboten hat. Wenn endlich am Schluss des im Jahr 1522 spielenden Dramas Paul III., welcher erst 1534 den päpstlichen Thron bestieg, bereits als regierender Papst und in Verbindung mit ihm das Concil von Trient, das erst 1542 durch Paul III. berufen wurde, als schon in Vorbereitung begriffen erwähnt wird, so ist dies ein Anachronismus, der bei Calderon nicht auffallen darf und den ihm, wie V. Schmidt (S 220) bemerkt, die Gelehrten verzeihen mögen.

Mit Recht wundert sich Schack in seiner Geschichte des Dramas, dass die deutschen Uebersetzer des Calderon dieses grossartige Gedicht unberücksichtigt gelassen

---

[1] Canones et decreta concilii Tridentini sessio XXV. cap. 19. Das Kapitel beginnt mit den Worten „Detestabilis duellorum usus fabricante diabolo introductus, ut cruenta corporum morte animarum etiam perniciem lucretur, ex Christiano orbe penitus exterminetur."

haben und urteilt [1]) von ihm: „Es gehört in jeder Hinsicht zu den meisterhaftesten seiner Werke und vereinigt die tiefsinnigste Kunst der Composition mit dem gewaltigsten theatralischen Leben, auch der Stil ist fast durchaus vortrefflich. Vielleicht in keinem andern Drama selbst unseres Dichters ist der Begriff der Ehre, als der das ganze Leben beherrschenden Macht, so tief aufgefasst, und der Conflikt zwischen ihr und dem subjectiven Bewusstsein zu einer so erschütternden Wirkung benutzt worden." Von der bewunderungswürdigen Kunst des Dichters zeugen namentlich die beiden Reden der Serafina und Violante am Schluss des II. Aktes, von welchen V. Schmidt (S. 217 Anm.) zu behaupten wagt, dass sie selbst von Shakspeare nicht besser hätten gedichtet werden können. So innig vermählt sei in ihnen Wahrheit mit Schönheit, so natürlich und doch symbolisch jeder Zug. Auch die komischen Partien sind vortrefflich. Dies gilt besonders von jener Scene (II. 146,1 und 2) des dritten Aktes, in welcher Benito und Gila in einem überaus komischen Wechselgespräch der Serafina das bevorstehende Gottesgericht berichten und gleichwohl, zumal durch die Schlussworte: Benito: „Donde dos muerte se dén;" Gila: „Se dén muerte donde dos," eine tiefernste Wirkung auf die Zuhörerin ausüben. Wenn endlich am Schluss des Stücks nicht bloss Torellas der Violante, sondern auch Ansa der Serafina, welche übrigens aus der Not eine Tugend macht,[2]) die Hand reicht, und ausserdem noch die komischen Personen des Stücks, Benito und Gila, und das Bedientenpaar Gines und Flora das Beispiel der Herrn nach den Worten des Gines (H. IV, 150,3) nachahmen:

„A que, pues todos se casan,
Me quiero casar contigo,"

so ist diese für unsere Begriffe etwas befremdliche Erscheinung eine Concession an die auf der spanischen Bühne fast zum Gesetz gewordene Gewohnheit, dass am Schluss sich mindestens zwei Paare zusammenfinden müssen.

§ 3.
El médico de su honra. (Der Arzt seiner Ehre.[3])

I. Akt. Der auf der Jagd vom Pferd gestürzte und verwundete spanische Infant Don Enrique, Bruder des regierenden Königs Don Pedro, wird in das Landhaus des Don Gutierre Alfonso bei Sevilla getragen. Die Gemahlin des Gutierre, Doña Mencia de Acuña, erkennt in dem Verwundeten ihren früheren Geliebten, dessen Abwesenheit ihre Verwandten benützt hatten, um sie zur Heirat mit Gutierre zu nötigen. Als der Infant aus seiner Ohnmacht erwacht und Mencia erkennt, kann diese

---

[1] III., 153. Auffallenderweise erwähnt J. L. Klein in seiner weitläufig angelegten Geschichte des Dramas, welche dem Calderon allein (2 Bände XI., 1 S. 447—584 und XI., 2 S. 1 bis 707 Leipzig 1874 und 1875 widmet, nicht einmal den Namen des Stuckes.

[2] II 150,3 bemerkt sie beiseite: „Haga necessidad virtud!

[3] II 1. 347—365. K. 1. 353—376. Ins Deutsche übersetzt von Gries VIII. Band S. 167—317. Nach II IV., 668 wurde das Drama zuerst 1633 gedruckt

zwar eine gewisse zarte Hinneigung zu ihrem früheren Geliebten nicht ganz verbergen, erklärt ihm aber entschieden, dass sie ihren Pflichten als Gattin des Gutierre treu bleiben werde. Darauf begibt sich der Infant an den Hof des Königs nach Sevilla; Gutierre gibt ihm das Ehrengeleit. Weil dieser aber hier in Gegenwart des Königs im Streit mit Don Arias, dem Günstling des Infanten, die Hand ans Schwert legt und so die schuldige Ehrfurcht gegen den König verletzt, wird er, wie Arias, gefangen gesetzt.

II. Akt. Während der Abwesenheit des Gutierre hat Enrique eine Sklavin der Mencia, die Jacinta, bestochen, gelangt so in das Gartenhaus des Gutierre und überrascht dessen Gattin. Allein auch jetzt weist sie den Verführer zurück. Im nämlichen Augenblick hört sie die Stimme ihres Gemahls, der, nachdem er dem Wächter sein Ehrenwort gegeben, wieder zurückzukehren, sein Gefängnis verlassen hat, um die geliebte Gattin zu besuchen. Der Infant versteckt sich; Mencia aber gebraucht eine List: sie ruft ihren Gemahl gegen einen vermummten Mann, den sie in ihrem Gemach versteckt gefunden habe, zu Hilfe und lässt wie zufällig das Licht fallen, dass es erlischt. So entkommt der Infant, verliert aber dabei seinen Dolch. Ihn findet Gutierre und mit dem Dolch in der Hand und zugleich dem nagenden Zweifel in der Brust kehrt er in sein Gefängnis zurück.

Auf Bitten des Infanten schenkt der König beiden Gefangenen die Freiheit; aber beim Versuch des Infanten, die beiden Gegner zu versöhnen, vergleicht Gutierre das Schwertgefäss des Infanten mit dem gefundenen Dolche und der Argwohn steigt in ihm auf, dass des Königs Bruder sein Nebenbuhler sei. Dieser sein Argwohn wird ihm zur Gewissheit, als er, um seine Frau zu prüfen, heimlich bei Nacht in sein Haus zurückkehrt und mit verstellter Stimme im Dunkel der Nacht die Gattin anredet, diese aber ihn für den Infanten hält und bittet, sich zu entfernen; denn sie glaube ihn nicht zum zweitenmal verbergen zu können. Er entfernt sich als Enrique, um gleich darauf als Gutierre zurückzukehren und in doppelsinnigen Worten seinem furchtbaren Schmerz Ausdruck zu verleihen. Mencia in unbeschreiblicher Verwirrung ahnt ihr Schicksal und entfernt sich; Gutierre aber, der zurückbleibt, schliesst den Akt mit den Worten:

„Pues médico me llamo de mi honra
Yo cubriré con tierra mi deshonra."
„Arzt meiner Ehre bin ich, und die Flecken
Unwürd'ger Schmach werd' ich mit Erde decken."

III. Akt. Inzwischen ist Gutierre mit seiner Gemahlin aus dem Landhaus in die Stadt Sevilla gezogen. Hier erhält er Audienz beim König: mit Thränen in den Augen [1] berichtet er sein Leid, zeigt ihm den Dolch des Infanten und fleht ihn um Gerechtigkeit an. Gleich darauf kommt der Infant; Gutierre versteckt sich

---

[1] „Dieser Zähre, spricht er, staune nicht; die alte Lehre sagt ja „Ehr' und Liebe können Thränen einem Mann vergönnen. Und ich habe Lieb' und Ehre." vgl. II. 1. 360, 1 und Gries S. 272

auf Befehl des Königs hinter einem Schirm, wo er alles hört. Der König macht dem Infanten Vorwürfe, und als dieser unverhohlen seine glühende Leidenschaft zu Mencia eingesteht und sogar bemerkt: „Die Zeit kann alles zwingen und der Liebe weichet alles", zeigt der König den Dolch, den Gutierre gefunden, dem Infanten, und dieser ihn ergreifend verletzt in der Bestürzung die Hand des Königs. Der König aber, welcher im ersten Augenblick glaubt, es sei absichtlich geschehen, verbannt den Bruder aus seiner Nähe.

Die Nachricht von der Abreise des Infanten überbringt Coquin, der Diener des Gutierre, seiner Herrin Mencia, welche seit jener Unglücksnacht in tiefen Gram versunken ist. Da gibt ihr ihre Sklavin Jacinta den unglückseligen Rat, sie solle dem Prinzen einen Brief schreiben, er möge in Sevilla bleiben, damit nicht durch seine Abreise, welche jedermann auf ihr Verhältnis beziehen würde, ihr Ruf Schaden leide. Mencia lässt sich bereden und schreibt; allein als sie bis zu den Worten gekommen ist: „Mein hoher Herr! Entfernt euch nicht", da erscheint Gutierre und entreisst das Blatt der Gattin, welche in Ohnmacht fällt. Jetzt ist Gutierres Entschluss gefasst, und nachdem er auf dasselbe Blatt, das er weggenommen, etwas geschrieben, entfernt er sich mit den Worten:

„Ya que la cura he de aplicar postrera
No muera el alma, aunque la vida muera,"
„Das letzte Mittel ist's, das ich erwähle;
Doch stirbt der Leib, nicht sterben soll die Seele,"

und verschliesst hinter sich die Thüre des Zimmers. Als Mencia aus ihrer Ohnmacht erwacht, erblickt sie auf dem Blatt ihr Todesurteil von der Hand des Gemahls geschrieben:

„Die Liebe betet dich an; die Ehre verabscheut dich; drum tötet dich die eine, dich ermahnt die andre. Zwei Stunden hast du zu leben. Du bist Christin; rette die Seele, das Leben kannst du nicht retten."

Nach Ablauf der zwei fürchterlichen Stunden erscheint Gutierre mit dem Wundarzt Ludovico, den er bei Nacht aus seinem Hause geholt und den Dolch ihm auf die Brust setzend mit dem Tode bedroht hatte, falls er Enthüllung wagen würde. Nachdem er ihm die Augen verbunden, führt er ihn in ein Zimmer seines Hauses, nimmt ihm dann die Binde ab, zieht sich den Mantel vors Gesicht und fragt ihn, auf einen Alkoven, dessen Vorhang er zurückgeschlagen, hinzeigend: „Was erblickst du dort?" Ludovico erwidert: „Des blassen Todes Abbild, einen Körper, welcher ruht auf einem Lager; vor ihm steht ein Crucifix; neben ihm zwei Candelaber. Doch wer's ist, erkenn' ich nicht; denn mit einem Tuch von Taffent ist das Antlitz ihm verhüllt". Darauf zückt Gutierre den Dolch und zwingt den Wundarzt, in den Alkoven, in welchem Mencia ruht, zu treten, diesem Wesen die Adern zu öffnen und nicht zu verbinden, „bis sie aus der kleinen Wunde sich verblutend ausgeatmet." Ludovico gehorcht und Mencia stirbt, wie der Wundarzt später dem König erzählt, mit den Worten:

„Inocente muero; „Ich sterb' unschuldig
El cielo no te demande Meines Todes Schuld
Mi muerte." Erlasse dir der Himmel."

Ludovico, welcher beim Weggehen absichtlich mit seinen blutigen Händen die Thüren des Hauses befleckt hatte, berichtet dem König die grauenvolle That und zugleich meldet Coquin, dass sein Herr von Eifersucht entflammt alle Diener fortgetrieben, alle Thüren zugeschlossen habe und mit Mencia allein zurückgeblieben sei. Der König eilt vor Gutierres Haus, an dessen Thor er eine blutige Hand wahrnimmt: da stürzt Gutierre hervor und klagt, „dass sein geliebtes Weib Mencia, so mit Reiz begabt, wie züchtig", an den Folgen einer Verblutung durch einen unglückseligen Zufall gestorben sei.[1]) Der König stellt sich, als schenke er seinen Worten Glauben, befiehlt ihm aber, auf der Stelle der Leonor, welche er früher geliebt und auf einen falschen Verdacht der Untreue hin verlassen hatte,[2]) die Hand zu reichen. Widerstrebend gehorcht Gutierre; er reicht der Leonor, welche in Begleitung des Königs erschienen war, die Hand mit den Worten: „Ich gebe sie; aber, Leonor, bespritzt ist sie noch mit Blut" und:

„Mira que médico he sido „Wiss' auch, dass ich meiner Ehre
De mi honra: no está olvidada Arzt war; diese Kunst zu üben
La ciencia". Weiss ich noch."

Ueber die geschichtliche Grundlage dieses furchtbaren Trauerspiels, von welchem V. Schmidt (S. 208) mit Recht bemerkt: „Je öfter wir es lesen, desto mehr wird die Bewunderung für den Dichter in uns erhöht werden", herrscht grosse Dunkelheit. König Don Pedro, den nach Calderon die Welt den Rechtsprecher nennt: „Pedro, á quien llama el mundo Justiciero"[3]) ist in der Geschichte Don Pedro der Grausame, der von 1350—1369 über Spanien regierte und von dem der spanische Geschichtschreiber Juan de Ferreras folgende keineswegs schmeichelhafte Charakteristik entwirft:[4]) „Dieser König war ein geschworener Feind von der Gnade; dem päpstlichen Stuhle gar nicht zugethan; ungemein arglistig, misstrauisch, wollüstig und dergestalt geizig, dass man nach seinem Tod zu Sevilien, Almodavar und an andern Orten 150 Millionen an Gold und Silbermünzen, ausserdem einen grossen Schatz von Edelgesteinen, Perlen, goldenen und silbernen Ringen, seidene und goldene Stoffe und viele andere Sachen von Wert antraf." Wie fast bei allen spanischen Dramatikern z. B. Moreto in seinem Drama: „El valiente justiciero y el Ricohombre de Alcalá", ist also der Charakter des Königs Pedro als des wackeren Rechtsprechers in edlerer Weise aufgefasst, als durch die Geschichte bestätigt wird. Der Infant Don Enrique ist Pedros Bruder Heinrich, der in der Geschichte vor seinem Bruder flüchten musste,

---

[1] Gutierre sagt dies, nicht um seine Schuld, sondern um die Ursachen der That, welche seine Ehre beflecken wurden, zu verbergen.
[2] Dies ist ganz bezeichnend für den Charakter Gutierres: er hatte einen Mann auf den Balkon seiner Verlobten Leonor steigen sehen; es war Arias, welcher seine Geliebte im Hause Leonors besuchen wollte.
[3] II 1, 351, 1, Worte der beim König gegen Gutierre klagenden Leonor.
[4] V. Band der deutschen Uebersetzung seiner „Synopsis hist. de España." Halle 1756. S 472

in Kastilien zum König ausgerufen mit Frankreich sich verband und schliesslich am 23. März 1369 im Zelt des Bertrand de Guesclin seinen Bruder Pedro den Grausamen mit eigener Hand tötete¹) und nach ihm bis 1379 regierte. Offenbar spielt Calderon in der Scene, in welcher Enrique seinen Bruder verwundet, auf diesen gewaltsamen Tod an, wenn er Pedro sagen lässt, (H. I, 361, 2):

„¡Oh qué aprension insufrible!   „Welch entsetzlich Wahngebilde!
Bañado me vi en mi sangre   Tot im eignen Blut gebadet
Muerto estuve."   Sah ich mich."

Indessen sucht man sowohl in den allgemeinen Geschichten des Ferreras und Mariana (Geschichte Spaniens lat. Ausgabe Tolet 1592 ff. und span. Toledo 1601), als auch in den beiden Specialwerken über Pedro den Grausamen, der berühmten Chronik des Ayala und der Historia del rey D. Pedro y su descendencia por Gratia Dei vergeblich nach geschichtlichen Anhaltspunkten für die von Calderon zu Grund gelegte Begebenheit. Ayala tadelt nur in seiner Chronik als einzigen Fehler des Don Enrique seine ausschweifende Neigung zum weiblichen Geschlecht. Höchst wahrscheinlich hat Calderon zu seinem Werk eine der vielen alten spanischen Volkssagen oder Chroniken benützt. Jedenfalls sind ganz im Volkston gehalten die beiden kurz vor der Katastrophe so poetisch und dramatisch zugleich wirkenden Lieder, welche der König nach der Verbannung seines Bruders zu seinem Aerger auf der Strasse hören muss (H. 363,1):

„El infante don Enrique   „Den Infanten Don Enrique
Hoy se despidió del Rey;   Schickte heut der König fort;
Su pesadumbre y su ausencia   Seine Schmerzen und Entfernung
Quiera Dios que pare en bien;"   Wende ihn zum Heile Gott,"

und bald darauf der geheimnisvolle Gesang hinter der Scene (H. 363,3):

„Para Consuegra camina   „Eilig zieht er nach Consuegra,
Donde piensa que han de ser   Und dort werden, wie er denkt,
Teatros de mil tragedias   Vieler Trauerspiele Schauspiele
Las montanas de Montiel"²)   Die Gebirge von Montiel."

Auf alte Volkssagen oder Chroniken weisen auch andere Einzelheiten des Dramas hin, so z. B. die Antworten, welche der Rechtsprecher Pedro mehreren Bittstellern erteilt (II. 350,3 und 351,1) sodann der Vertrag, welchen der König mit dem Gracioso des Stücks, Coquin, eingeht, (H. 352,1) ihm für jedesmal, so oft sein Scherz ihn zum Lachen zwinge, 100 Escudos zu bescheeren, ihm aber die Zähne auszureissen zu lassen, wenn er ihn in einem Monat nicht zum Lachen bewege. Dies stimmt auch vollständig zu dem grossen Ernst, welchen Moreto in seinem Drama „El parecido en la corte" an Pedro hervorhebt:

„Que es cosa, que hará reir
Al Rey Don Pedro el cruel."

---

¹ Cronicas del rey Don Pedro por Lopez de Ayala tom. I. Madrid 1779 p. 556 und Ferreras V, 472.
² In der letzten entscheidenden Schlacht von seinem Bruder besiegt war Pedro auf das Schloss Montiel bei Toledo geflohen. Ferreras V, 470.

Endlich hebt auch Calderon, ähnlich wie Juan Perez de Montalvan in seinem Schauspiel „La puerta Macarena", einen hervorstechenden Charakterzug Pedros hervor, nämlich den kräftigen Willen, den Uebermut des hohen Adels (der ricos hombres) zu demütigen, indem er der Leonor auf ihre Klage wider Gutierre erklärt (II. 351,2), so lange er Kastiliens Herr sei, werde sie nicht wieder zu klagen haben, sie bekomme kein Recht, weil sie arm und er (der Gegner) reich sei.

Was nun die That Gutierres, den Mord seiner schuldlosen Gattin auf blosse Verdachtsgründe hin betrifft, so beleidigt derselbe ebenso unser natürliches Gefühl, wie er das christliche Sittengesetz gröblich verletzt. Wenn übrigens J. L. Klein[1]) von Gutierres Gattin sagt: „Auf Dona Mencia, hehr, seelenrein, holdinnig, das Ideal einer Gattin, an der kein Flecken von materieller, ja kein Makel eines unlautern Affektes, folglich auch keine Gedankenschuld haftet, ruht als einziges Schuldmotiv der Verdacht ihres Gemahls," so geht er in der Idealisierung der Gattin zu Ungunsten „des Arztes der Ehre" entschieden zu weit. Man beachte nur ihr Benehmen bei der ersten unerwarteten Begegnung mit dem Infanten, wo sie die Worte spricht (II. 348,1): „Sie sind fort, ich bin allein. — O wer jetzt doch Freiheit hätte, mit der Ehr' Einwilligung dem Gefühl sich hinzugeben;" oder die bald darauf folgende Scene, in welcher Gutierre von ihr Abschied nimmt. „Nicht der lang ersehnten Braut", sagt mit Recht V. Schmidt (S. 214), „kann so zart und innig gehuldigt werden, als dieser Frau von ihrem Ehemann; aber leider erwidert sie mit erheuchelten Vorwürfen und gereizter Zärtlichkeit". Noch bedenklicher aber kontrastiert mit dem angeblichen „Ideal einer Gattin" das Geständnis der Mencia, das sie unmittelbar nach dem Abschied des Gemahls sogar ihrer Sklavin ablegt (II. 350,3):

„La mano á Gutierre dí,   Diese Hand ward Gutierren zugewandt.
Volvió Enrique, y en rigor,   Jener (Enrique) fand sich wieder ein;
Tuve amor, y tengo honor."   Liebe war und Ehr ist mein."

„Immerhin aber ist es, bemerkt mit Recht Hartzenbusch[2]), eine Barbarei, seine unschuldige Gattin morden; eine Niederträchtigkeit ist es, den schuldigen Infanten schonen: Mencia durfte nicht für des Infanten Schuld büssen. Dessen ungeachtet fällt die Verdammung des Prinzips, worauf „der Arzt seiner Ehre" beruht, nicht auf Calderon, sondern auf sein Jahrhundert, ein Zeitalter von unaufhörlichen Festen und fortgesetzten Händeln, eine Epoche der Galanterie und des Totschlags, in welcher jede Gewalt von der königlichen bis zur häuslichen, ihre Kräfte missbrauchte, oder ihrer Macht erbarmungslos sich bediente und selbst zu schauderhaften Rachethaten Veranlassung gab. Da war es natürlich, dass inmitten so vieler Missbräuche und so vielen Blutes die Grausamkeit eines Gatten Beifall fand, der sich mit dem achtungswerten Schild der Ehre deckte, obgleich einer bereits übertriebenen und entarteten Ehre."

Wenn wir uns indes bei diesem Drama in diese altspanischen bis zum Fanatismus gesteigerten Grundsätze über die Ehre hineinversetzen und darnach den

---

[1] Geschichte des Dramas XI, 2, 241 f.
[2] IV. 710 f.

Mord den Mencia beurteilen, so müssen wir dieses Trauerspiel den herrlichsten Schöpfungen der Poesie beizählen. Wenn auf irgend ein Drama des Dichters, in welchem die Ehre das alles beherrschende Element bildet, so treffen auf den „Arzt der Ehre" die schönen Worte A. W. v. Schlegels[1]) zu: „Wie Calderon die zarte Reizbarkeit des Ehrgefühls schildert, weiss ich kein treffenderes Sinnbild dafür, als die fabelhafte Sage vom Hermelin, einem Tierchen, das so sehr auf die Weisse seines Felles halten soll, dass es lieber, als sie zu beflecken, von den Jägern verfolgt, sich dem Tod überliefert." Damas Hinard, welcher seiner französischen Uebersetzung[2]) des Stücks (in Prosa) treffliche Bemerkungen über dasselbe vorausgeschickt hat, und in Anschluss an ihn Schack[3] haben eine Reihe von Einzelheiten des Dramas, worin die Meisterschaft der dichterischen Composition sich besonders zeigt, hervorgehoben. Ich erwähne von diesen im ersten Akt die herrliche, so oft nachgeahmte Exposition des Stücks; im zweiten die Scene, in welcher Gutierre sein Haus durchsucht, um den vermummten Mann zu entdecken, aber nur den Gracioso, seinen Diener Coquin, ertappt, der ein lautes Geschrei erhebt, während Mencia entsetzt wähnt, dass der Infant entdeckt sei; und endlich den ganzen dritten Akt, von welchem Damas Hinard[4]) bemerkt: „Mais ce qui nous semble vraiment admirable, c'est la troisième journée tout entière. Dès lors, pas un instant de langueur, de répit; une situation intéressante succède à une autre; l'action marche avec une entraînante rapidité jusqu'à la scène qui termine la pièce si énergiquement. Nous nous contenterons d'appeler l'attention du lecteur sur ces deux scènes, que sépare la catastrophe, où un musicien mystérieux chante une romance composée sur le départ de l'Infant. Shakspeare lui même n'a pas, à notre avis, un effet qui soit en même temps plus poétique et plus dramatique."

§ 4.
Las tres justicias en una (drei Vergeltungen in Einer). [5])

1. Akt. In einem wilden Waldgebirg nicht weit von Saragossa traten von Räubern verfolgt der greise Don Mendo de Torellas und seine Tochter Doña Violante auf. Mendo, welcher sich mutvoll gegen die Uebermacht wehrt, ist im Begriffe zu erliegen; da erscheint der Hauptmann der Bande, Don Lope. Im Hinblick auf seine Tochter Violante, welche der Räuber Vincente bereits seinem Hauptmann als Siegesbeute zugedacht hatte, kniet Mendo vor dem Hauptmann nieder. Dieser aber, plötz-

---

[1] „Vorlesungen über dramatische Kunst und Litteratur. III. Ausgabe besorgt von Böcking, II Teil, Leipzig 1846, S. 394.
[2] Théâtre de Calderon tom. I. Paris o. J. p. 75—134.
[3] III 156 f.
[4] a. a. O. p. 73.
[5] II III 397—416 K IV., 550—573. Ins Deutsche übersetzt von Gries VI., 5—157, ins Französische von Damas Hinard III., 202—263. Nach Hartzenbusch IV., 676 ist das Drama jedenfalls nicht nach dem Jahr 1651 verfasst; gedruckt ist es 1664 in Parte Quinze. Comedias nuevas escogidas de los mejores Ingenios de España."

lich zur Milde gestimmt, richtet ihn auf mit den Worten: „Du bist's, dessen Stimme zuerst mein Herz zur Milde lenkt vom Grimme." Auch Violantes Schönheit macht Eindruck auf ihn, weil er, wie er sagt, vor ihrem Bilde zuerst empfand, was Achtung ist und Milde. Auf die Frage des Räubers nach Namen und Ziel der Reise nennt Mendo seinen Namen, erzählt, dass er im Auftrag seines Herrn, des Königs Don Pedro von Aragon, zur Besorgung eines wichtigen Geschäfts zur Hauptstadt eile und erbietet sich, beim König Verzeihung für seinen grossmütigen Retter zu erwirken. Allein Lope erwidert, er wage dies wegen der Schwere und Menge seiner Vergehen nicht zu hoffen. Darauf fordert ihn Mendo auf, Vertrauen zu fassen und ihm seine Geschichte zu erzählen. Jetzt heisst Lope die Räuber sich entfernen und erzählt, dass er der Sohn Don Lopes de Urrea sei, welcher in hohem Alter die kaum fünfzehnjährige Doña Blanca zur Gemahlin sich erkoren habe, wie Blanca nur gezwungen von den Eltern in die ungleiche Heirat gewilligt, er aber das Kind dieser unnatürlichen Ehe von der Mutter verhätschelt, vom Vater gehasst, in Folge der schlechten Erziehung immer mehr wilden Ausschweifungen sich überlassen habe. Schliesslich habe er ein Mädchen verführt, nachdem er durch zahllose Schwüre ihr die Hand zugesichert habe. Da er aber gezögert, sein Wort zu halten, sei er auf Veranlassung der Betrogenen von ihrem Bruder verräterisch angegriffen worden, habe diesen getötet und so die Flucht ergreifen müssen. Als er soweit in seiner Erzählung ist, vernimmt man Getöse und Stimmen rufen hinter der Scene: „Ins Thal! Zum Berg! Ins Dickicht!" Es sind die Häscher des nahen Ortes, welche den Räubern nachsetzen. Auch Lope wendet sich zur Flucht und gibt dem Mendo auf seine Bitte um ein Pfand als Erkennungszeichen für den abzusendenden Boten sein Jagdmesser, ritzt sich aber beim Ueberreichen an der Hand und wird, als er das Messer in Mendos Hand erblickt, von einer bangen Ahnung ergriffen. Darauf entfernt sich auch Mendo mit seiner Tochter Violante, letztere mit den halblaut geflüsterten Worten: „Nein gewiss! so liebenswert sah ich das Verbrechen nimmer. O mein Herz, wie vieles nehm' ich mit mir fort, um nachzusinnen!"

Im Audienzsaal des königlichen Schlosses von Saragossa fleht eben Don Lope, der Vater, den König um Gnade für seinen Sohn an. Der König weist ihn an den Oberrichter, der noch heute erscheinen werde. Er erscheint und zwar in der Person des Don Mendo, welcher auch wirklich beim König die Begnadigung des mitleidigen Räubers erwirkt.

II. Akt. Der „verlorene Sohn" kehrt ins Vaterhaus zurück und gelobt Besserung. Allein von Liebe zu Violante erfasst und von dieser wieder geliebt, entzweit er sich bald mit seinem Rivalen Don Guillen, dem verschmähten Liebhaber der Violante. Auf offener Strasse vor Lopes Haus und dem königlichen Schloss gegenüber sind Lope und Guillen im Zweikampf begriffen. Der alte Lope eilt herbei und sucht den Kampf zu verhindern; allein der undankbare Sohn geht in seiner Wut so weit, dass er dem greisen Vater einen Backenstreich versetzt. Jetzt klagt der entehrte Vater selbst gegen den entarteten Sohn beim Richterstuhl des Königs:

„Einst ja, ruft er, fand ich bei euch Milde, da um Mild' ich euch gefleht:
„Drum da ich um Recht nun flehe, Herr verweigert nicht mir Recht."
Der König beauftragt mit der Bestrafung des Frevlers den Oberrichter Don Mendo und dieser unterzieht sich dem Auftrag, indem er in Anbetracht des unerhörten Frevels „forschen will, bis erhellt, dass nicht jener Sohn von diesem, der nicht Vater ist von dem."

III. Akt. In einem Waldgebirge von bewaffneten Dienern gefolgt sucht Don Mendo, schwankend zwischen Dienerpflicht und Liebe, — „Fang ich ihn, spricht er, so zürnt mein Herz; thu' ich's nicht, — vielleicht verloren geht mir dann des Königs Gnade" — den entflohenen Missethäter. Er findet ihn in verzweifeltem Kampf mit den Dienern; aber merkwürdigerweise legt Lope bei Mendos Erscheinen das Schwert zu Boden und ergibt sich mit den Worten: „Du nur konntest Scheu und Furcht in mir erregen, deshalb muss ich Dir gehorchen." Darauf lässt Mendo den Gefangenen in seiner eigenen Wohnung in Gewahrsam bringen, mit der versteckten Absicht, ihn bei günstiger Gelegenheit zu retten. Auch sucht er vor dem König die That des Mendo zu entschuldigen, als habe der Schlag des Sohnes gegen dessen Absicht den Vater getroffen. Jetzt übernimmt der misstrauische König selbst das Rächeramt: er befiehlt Lope den Vater ebenfalls in Haft zu bringen, damit er die Nacht nicht in seinem Hause verbringe, und da bei dem ungeheuren Frevel der Zweifel in ihm aufsteigt, ob Lope wirklich ein Sohn des von ihm entehrten Lope de Urrea sei, begibt er sich in der gleichen Nacht vermummt in das Haus Blancas Da nun enthüllt Blanca das Geheimnis, das — bisher tief in ihrer Brust verschlossen — auf einmal ein wunderbares Licht auf das ganze Drama wirft: Der junge Lope ist nicht der Sohn Lopes de Urrea und der Blanca, sondern des Don Mendo und der Laura, einer jüngeren Schwester der Blanca, welche Mendo vor vielen Jahren verführt und dann treulos verlassen hatte. Um die Ehre der Schwester, welche bei der Geburt des Kindes starb, zu retten, hatte Blanca das Kind von der Geburt an für ihr eigenes ausgegeben. Der König erfreut über die Erfüllung seiner Ahnung lässt sich von Mendo den Schlüssel zum Kerker geben, in welchem der junge Lope gefangen sitzt und entfernt sich mit den Worten:

„Esta noche ¡vive Dios!   „Seh'n soll mich die Welt, bei Gott!
Verá el mundo mi justicia."   Diese Nacht als Rechtsbeschützer."

Die Katastrophe naht heran: Der alte Mendo, dem Blanca zugerufen: „Der König weiss, dass der Gefangene nicht mein Sohn Lope, dass er dein und Lauras Sohn ist", eilt, um den Gefangenen zu retten; auch Violante naht in der gleichen Absicht und vernimmt entsetzt aus des Vaters Munde, dass der Gefangene ihr Bruder und sein Sohn sei. Inzwischen sind auch Blanca und der alte Lope de Urrea herbeigeeilt; aus dem Kerker ertönt klägliches Gewimmer:

„¡Ay infelice de mi!"   „Ich Unseliger! Weh mir!"

Endlich gelingt es dem Mendo die Thüre des Kerkers zu öffnen. Das Hinterzimmer ist erleuchtet und man erblickt Lope den Sohn erdrosselt auf einem Stuhle, in seiner

Hand ein Papier. Don Lope der Vater nimmt das Papier aus der Hand des Toten und liest:

„Quien al que tuvo por padre
Ofende, agravia é injuria
Muera, y véale morir
Quien un limpio honor deslustra,
Paraque llore su muerte
Tambien quien de enganos usa
Juntando de tres delitos
Las tres justicias en una."

„Wer dem, der ihm Vater war
Kränkung zufügt, Schmach und Unbill,
Sterb'; und sterben soll ihn sehn,
Wer ein reines Blut verunehrt;
Und beweinen seinen Tod
Auch, wer sich bedient des Truges;
Drei Vergeltungen in Einer
So verbindend für drei Schulden."

Das Drama, welches mit Shakspeares „König Lear" und Calderons eigenem Werk „die Andacht zum Kreuz" in mehr als einer Hinsicht Vergleichungspunkte darbietet, verfolgt gegen Calderons sonstige Gewohnheit einen ausgesprochen moralischen Zweck als erschütternde Bestätigung des alten Satzes, dass die Sünden der Väter erst spät an den Kindern und durch sie bestraft werden. „Wunderbar schön und gross, sagt treffend Schack [1]), ist in diesem Drama, einem der herrlichsten unseres Dichters, die Darstellung der geheimnisvollen Wege, welche die göttliche Gerechtigkeit wandelt, um die Sünde zu rächen, und gleich vortrefflich die Schilderung der geheimen Macht des Blutes,[2]) welche die schon erhobene Hand des entarteten Sohnes zurückhält, als sein wahrer Vater vor ihm steht, während er den vermeintlichen misshandelt." Was die Zeichnung der Charaktere anlangt, so ist ohne Zweifel die Charakterzeichnung König Pedros des Rechtspflegers grossartig zu nennen. Er tritt im Drama als irdisches Abbild der strafenden Gerechtigkeit Gottes auf, worauf namentlich die Worte [3]) hinweisen:

„Rey Don Pedro de Aragon,
Cristiano monarca, á quien
Llama el sabio justiciero
Y el ignorante cruel."

„Fürst von Aragon, Don Pedro,
Christlicher Monarch und Held,
Den der weise Mann rechtpflegend,
Der unweise grausam nennt."

V. Schmidt [4]) hat die Vermutung aufgestellt, dass unser Dichter die drei Pedros von Aragon, Castilien und Portugal zu Einem sagenhaften verschmolzen habe. Dieser Ansicht widerspricht Schack [5]) mit Berufung auf eine Stelle in dem Schauspiel des Guevara „Tambien la afrenta es veneno", wornach der König von Aragon wirklich gleichfalls mit dem Beinamen „el cruel" belegt worden ist. Jedenfalls aber ist in unserem Drama Pedro III. gemeint, der als König von Aragon von 1276—1285 regierte[6]), die

---
[1] III, 162.
[2] Die Gewalt des mystischen Blutbandes zwischen Vater und Sohn, welche in diesem Drama so ergreifend dargestellt ist, haben in einfacherer Weise die „Gesta Romanorum" cap. 9 in die Geschichte vom mythischen König Alexander und seinem unnatürlichen Sohn, der ihm nach dem Leben trachtet, gekleidet, vgl. hierüber V. Schmidt S. 236.
[3] II III, 409, 3 vgl. auch 415, 1 und 411, 1.
[4] a. a. O. S. 238.
[5] III, 159 Anm. Vgl. dagegen die Gegenbemerkungen des Herausgebers von V. Schmidts Werk, Leopold Schmidt S. 516 und 517, der bezweifelt, ob wirklich auch Pedro III. von Aragon im Munde des Volkes und im Gebrauch der Historiker mit den beiden Benennungen „el cruel" und „el justiciero" belegt wurde.
[6] Ferreras IV, 292—410.

Tochter des sicilischen Fürsten Manfred, Constanza, heiratete und durch die sicilische Vesper Herr von Sicilien wurde. Dies geht schon daraus hervor, dass nach einer Bemerkung Guillens (II. 111, 405, 2) Pedro die am 29. Oktober 1268 zu Neapel erfolgte Enthauptung Konradins, „des Kaiserenkels", zu rächen gedenkt.

Ausser König Pedro sind auch der alte Lope, namentlich in seiner Vatermilde gegen den entarteten Sohn, und selbst Don Mendo, dessen Jugendsünden so furchtbar an ihm selbst und besonders an seinem Sohne sich rächen, vortrefflich gezeichnet. Was aber den Helden des Stückes, den jungen Lope betrifft, so erweckt er, in einer ähnlichen Situation, wie der Held des folgenden Dramas, Luis Perez el Gallego, als echt tragische Figur unwillkürlich ein Gefühl des Mitleids gemischt mit Schrecken, worauf Damas Hinard[1]) mit den Worten aufmerksam macht: „Et si l'on s'intéresse à Louis Perez à cause de ses brillantes qualités, on éprouve pour le jeune Lope une sorte de pitié mêlée de terreur, parce qu'on ne peut s'empêcher de voir en lui l'infortunée victime d'une fatalité déplorable." Zu dieser trefflichen Charakterzeichnung der Hauptpersonen kommt noch die auch in diesem Stück, wie in so vielen anderen des Dichters, bewunderungswürdige Exposition und Einleitung des ersten Aktes, welche die Spannung auf die weitere Entwicklung des Dramas aufs lebhafteste erregt, und endlich die Schlusscatastrophe, welche eine wahrhaft überwältigende Wirkung auf die Zuschauer ausüben musste. Daher steht selbst Klein[2]) bei all seiner sonstigen Voreingenommenheit gegen Calderon nicht an, unser Drama „trotz den gerügten Mängeln und der scenisch aus Kunstgründen unzulässigen Peripetie, den bedeutsamsten dramatischen Werken der spanischen Bühne beizuzählen, ja als eines der wertvollsten Juwele im Brustschilde dieses Hohenpriesters des spanischen Dramas" zu bezeichnen.

§ 5.
Luis Perez el Gallego (Luis Perez der Galicier). [3])

Dieses Drama steht unter den Werken des Dichters insofern einzig da, als es ohne dramatische Einheit nur eine Reihe von Scenen und Situationen aus dem Leben des Luis Perez bietet.

Der Held des Stückes ist ein edler Galicier, wahrscheinlich eine sagenhafte Person jener Zeit, der durch den Drang der Umstände zum Räuberhauptmann wird — „bandolero" sagen die Spanier — oder, wie Damas Hinard (III,1) sich ausdrückt, „un homme qui, par suite de démêlés avec la justice, a quitté la ville pour vivre dans la montagne ou dans la forêt (en el monte), et qui se procure ses moyens d'existence en prélevant un emprunt sur chaque voyageur qui passe. Mais hâtons-nous de le dire, ce sont des circonstances malheureuses, et non de mauvais instincts ou de mauvaises actions, qui ont jeté Louis Perez dans la vie du bandolero." Als

[1] tom. III, 200
[2] XI, 2 S. 201 und 202 Anm. 1.
[3] II II. 443—460. K. IV, 393—414. Ins Französische übersetzt von Damas Hinard III. 3—57

das Hauptmotiv, welches den Helden bis zur Ergreifung des Räuberhandwerks treibt, bezeichnet Schack (III, 171) mit Recht eine zu starre Rigorosität im Ehrenpunkt nach spanischen Begriffen. So widersetzt er sich der Justiz, als sie Don Alonso, einen flüchtigen Portugiesen, verfolgt, der seinen Nebenbuhler im Zweikampf getötet hat, und verwundet dabei mehrere Personen. Zur Flucht gezwungen besteht er viele Abenteuer und kehrt zuletzt, da er sich sicher glaubt, nach Hause zurück. Allein als er hier erfährt, dass er zum Tod verurteilt sei, dringt er in das Zimmer des Richters, nachdem er seinen Freund Manuel als Wächter an der Thüre aufgestellt hatte, lässt sich die Akten seines Prozesses geben, zerreisst sie und entkommt nach tapferem Kampf gegen die verfolgenden Häscher samt seinem Freund in einen dichten Wald. Hier verteidigt er sich mit einer Anzahl Gefährten unerschrocken gegen die Diener der Gerechtigkeit, wird zuletzt durch einen Flintenschuss verwundet und von den Alguacils gefangen fortgeführt, aber von seinen Freunden Don Alonso und Manuel, welche an der Spitze einer bewaffneten Schar zu Hilfe eilen, wieder befreit. Damit endet der erste Teil der denkwürdigen Thaten des Galiciers Luis Perez. Am Schluss desselben ist ein zweiter Teil derselben verheissen: „Y su vida dirá la segunda parte"; allein den wirklich vorhandenen, später gedruckten zweiten Teil hat niemand dem Calderon beizulegen gewagt. Die Zeit der Handlung ist etwa in das Jahr 1588 zu setzen, da von der Bemannung der spanischen Flotte im Krieg gegen England die Rede ist. (II. II, 450, 1):

„Porque como es general
Capitan en esta guerra
Que hace el Rey á Ingalaterra."

Es lässt sich nicht leugnen, dass, worauf V. Schmidt (S. 201) aufmerksam macht, manche Scenen des Stückes von der Obrigkeit, gewisse Derbheiten, auch der Uebergang zum veredelten Räuberleben an Götz von Berlichingen erinnern, sowie, dass wir hier den Kampf des Geistes gegen den Buchstaben des Gesetzes haben, woraus Schillers Räuber und ähnliches hervorgegangen sind. Was übrigens den letzteren Vergleich mit Schillers Räubern anlangt, so hat jedenfalls Damas Hinard (III, 2) Recht, wenn er bemerkt: „elle (Calderons Drama) vous paraîtra sûrement ce qu'il y a de plus moral, de plus social, et tout à la fois de plus gai, de plus amusant et de plus aimable."

Der Stil des Stückes, welches, obwohl erst 1652 gedruckt in: „Primera parte de comedias escogidas", doch manche Spuren der frühesten Zeit an sich trägt, ist allerdings nicht selten maniriert, wie in mehreren Werken aus der früheren Periode des Dichters. Allein die fesselnde Charakteristik der auftretenden Personen und die überaus lebendige Situationsmalerei bieten für diesen Mangel reichlichen Ersatz. Rührend und ergreifend ist vor allem die unverbrüchliche Treue und Freundschaft der drei verbündeten Flüchtlinge, des Luis Perez, Don Alonso und Manuel geschildert. Die höchst schwierige Rolle des Richters, der durch Luis Perez in so origineller Weise überrascht wird (II. II, 453, 2 — 454, 3), hat Calderon mit grosser Kunst gezeichnet. Von der grössten komischen Wirkung ist die ganze Rolle des Gracioso Pedro, namentlich aber seine unaufhörlichen Begegnungen mit seinem Herrn Luis Perez, den er fürchtet und flieht, während ihn die Gerichtsbehörden nirgends finden können. Isabel zeigt sich durch ihre Entschlossenheit als die würdige Schwester des Perez, und wenn ihre Freundin Juana zu Manuel sagt (H. 448, 3): „Als ich für dich Vaterland und Eltern verliess, machte ich mich auf jedes Unglück gefasst. Ich habe Portugal nicht verlassen, um diese oder jene Gegend für mich auszuwählen, sondern allein um mit dir zu leben", so ist das offenbar die Sprache der zartesten und hingebendsten Liebe. Was endlich den Helden des Dramas, Luis Perez anlangt, so erscheint er, wie V. Schmidt richtig bemerkt, „weit achtungswerter [1]), als Schillers Karl Moor", und sein unerschrockener Mut, seine Kaltblütigkeit in den Gefahren, seine Dankbarkeit und Ergebung gegen alle, welche ihm einen Dienst erwiesen haben, und endlich seine edelmütige Aufopferung, mit welcher er stets bereit ist, sein Leben zu opfern, um dem Schwachen und Unterdrückten beizustehen, erheben ihn, zumal in den Augen des kriegerischen und ritterlichen Spaniers, zu einem Helden, so dass wir ihm, trotzdem er mit der rechtmässigen Obrigkeit, welche ihm gegenüber nur ihre Pflicht thut, in Conflikt kommt, unser Interesse und unsere Teilnahme nicht versagen können.

§ 6.
Saber del mal y del bien (Wohl und Weh).[2])

I. Akt. Auf einem Waldplatz in der Nähe von Toledo erscheint in Jagdkleidung Doña Hipolita de Lara, die Schwester des Grafen Don Pedro de Lara, des ersten Günstlings Don Alfonsos VII., Königs von Castilien; sie ist begleitet von zwei Freundinnen, Doña Laura und Jacinta. Eben hat Hipolita diesen erzählt, dass König Alfonso ihrer Sprödigkeit zum Trotz um ihre Gunst werbe, da stürzt auf einmal von einer nahen Anhöhe herabgeworfen, fast zu den Füssen der Damen, ein Mann, verwundet und in der einen Hand das Schwert, in der anderen ein Brot haltend. Von Mitleid ergriffen, vernehmen die Frauen die Klagen des Unglücklichen. Auch der junge König erscheint, begleitet vom Grafen Pedro und den zwei Höflingen Ordoño und Iñigo. Dem König erzählt der Verwundete, dass er durch des Schicksals Tücke aus der Heimat flüchtig, von wütendem Hunger gequält, des Königs Jagdgenossen um Brot angefleht, aber von diesen schnöde abgewiesen einem Hund mit Gewalt dies Brot entrissen habe. Der König, von Mitleid gerührt, übergibt ihn dem Pedro

---

[1] „Achtungswerter" schreibt V. Schmidt S. 404, nicht „interessanter", wie Moriz Rapp (Span. Theater VI. Band Leipzig u. J. S. 28 angibt, weshalb auch sein Vorwurf gegen Schmidt hinfällig wird: „Wenn aber Val. Schmidt sagt, dieser Räuber Luis Perez sei interessanter als Karl Moor, so ist die Vergleichung völlig unpassend, da dieses Stück mit wenig Aufwand von Pathos geschrieben ist."

[2] H. I, 20—35. K. I, 141—162. Ins Deutsche übersetzt durch Otto von der Malsburg II. Bd. Leipzig 1819 S. 185—346. Nach H. IV, 671 ist das Drama vor dem 23. Nov. 1635 geschrieben.

zu sorgsamer Pflege Diesem entdeckt der Flüchtling, dass er Don Alvaro de Viseo
heisse, vor kurzem der erste Günstling am Hofe des Königs von Portugal gewesen
sei, jetzt aber durch die Tücke seiner Feinde von seiner Höhe herabgestürzt und
verbannt, nach Castilien habe fliehen müssen. Graf Pedro, welcher aus der Rede
und dem Benehmen des Verbannten den gleichgesinnten, hochherzigen Mann erkennt,
schliesst mit ihm die innigste Freundschaft. Beide schwören einander ewige Treue,
und als Alvaro dem Grafen versichert, das er an seiner Brust „einen Schild von
Diamanten" haben werde, erwidert ihm dieser, wie von einer bangen Ahnung des
Kommenden erfasst:

„Tendré al ménos un translado „Mind'stens hab' ich da ein Bild,
En quien llegue á consolarme, Das ich mir zum Trost unfange,
Cuando sepamos los dos Wenn wir beide dermaleinst
De los bienes y los malos." Wohl und Weh erfahren haben."

II. Akt. Schon sinnen die neidischen Höflinge, Ordono und Jñigo, auf den
Sturz des Pedro; dessen Diener Julio hat ihre Reden belauscht und warnt nun seinen
Herrn, der eben im Gespräch mit den beiden begriffen ist. Pedro stellt sich vor
den Heuchlern, als glaube er nicht, dass jemand ihn, „der noch keinem weh gethan",
anfeinde und entlässt den Diener aus seinem Dienst. Dem Alvaro aber meldet er,
dass der König ihn zu seinem Kämmerer ernannt habe und bittet ihn zugleich, seinen
entlassenen Diener Julio in Dienst zu nehmen, worauf dieser ihm seinen drolligen
Diener Garcia zum Tausch anbietet, da dieser „sein Glück zu steigern gedenke, und
müde sei bis zum Tod, nur zu folgen seiner Not."

Der Tausch der beiden Diener wird vollzogen; Garcia freut sich über die
vermeintliche Besserung seiner Lage. Allein während Julio als Alvaros Diener
durch Lucindo, den Diener der Laura, welche von Liebe zu Alvaro erfasst dessen
Verhältnisse erforschen will, ein Kästchen mit einem Juwel erhält, wird Garcia als
Pedros Diener im Auftrag des Jñigo durch dessen Diener Fabio mit einem Dolch
verwundet. „Heil'ger blauer Himmel!" ruft Garcia aus. „Julius kriegt Demanten,
wie ein Kieselstein gehauen; ich krieg einen Kieselstein, wie ein Demant spitz!
Wie tauschen Menschen doch umsonst Zustände!" Inzwischen hat Jñigo Pedros
Handschrift nachgemacht und dem König einen erdichteten Brief[1]) in die Hände
gespielt, der den Pedro zum Verräter stempelt:

„Wo's Kronen gilt, ist kein Verrat; Vertraun gilt keine Kronen
Die Königin leidet; der König scheut mich; das Volk liebt mich.
Es reut mich die versäumte Gelegenheit."

Mit rührenden Worten erinnert der schuldlose Graf den König an die treuen Dienste,
welche er ihm schon in seiner Kindheit wie in seinen späteren Tagen erwiesen.
Allein der junge König, wenn er auch zu erkennen gibt, dass er selbst an seine
Schuld nicht glaube und dass nur der Neid seinen Sturz bezwecke, hält es doch
für nötig ihn aus seiner Nähe zu verbannen, weil nach den Worten des Briefes das

[1] H. I. 40. 2 Malsburg a. a. O. S. 290

Volk ihn liebt und der König ihn scheut: „König bin ich, spricht er, und leben
kann ich ohne euch."
„Salred, Conde, ó culpado ó perseguido,
Que soy rey, que hasta aquí no lo había sido.
„Wisst, Graf, ob nun verfolgt, ob schuldig gar,
König bin ich, wenn ich's bis jetzt nicht war."
Der gestürzte Günstling nimmt zärtlichen Abschied von Alvaro, und beide, die nun
„von Wohl und Weh auf gleiche Weise wissen", erneuern den Bund der Freundschaft.
III. Akt. In einem anmutigen Hain nahe bei einem Landhaus, in welches
sich Hipolita nach dem Sturz ihres Bruders zurückgezogen hatte, tritt der König
auf, begleitet von Alvaro, der an Pedros Stelle getreten ist. Der König verbietet
ihm bei Strafe seines Zornes, in seiner Gegenwart mit Pedro zu sprechen oder ihm
zu schreiben, und gibt ihm den Auftrag, für ihn bei Hipolita zu werben und ihr
zu künden, „dass sie jetzt durch eine Gunst des Grafen Leben erkaufe, oder ihre
ganze Grausamkeit werde an seinem Haupt gerächt." Vergebens lehnt Alvaro, der
selbst Hipolita liebt und von ihr wieder geliebt wird, den Auftrag ab. Der König
versteckt sich zwischen den Felsen und Gesträuchen, um verborgen Alvaros Werbung
zu vernehmen. Da tritt Pedro auf und schildert dem Alvaro seine traurige Lage.
Dieser aber, eingedenk des dem König gegebenen Wortes, wagt es nicht, dem über
sein unverschuldetes Unglück klagenden Freund Trost zu spenden und entfernt sich.
Als der König unbemerkt die ergreifenden Klagen des Pedro hört, welcher trotz
des Schweigens Alvaros an dessen Undank nicht glauben will, gewinnt er die völlige
Ueberzeugung von des Verbannten Unschuld und will hervortreten. Allein jetzt
erblickt er Hipolita und Alvaro und verbirgt sich deshalb an einem andern Ort,
um zu lauschen, während Graf Pedro an der Stelle sich birgt, wo früher der König
verborgen war. Beide hören nun, wie Alvaro bei Hipolita für den König wirbt.
„Unser Herr, mein König, sagt er, will, dass, von Neigung abgesehen, du
ihm sollst durch Zwang gehören." In herrlicher Rede weist Hipolita voll edler Entrüstung die Zumutung des Königs zurück: „Ehre retten, erwidert sie stolz, sei das
Höchste, ob auch der Graf, ihr Bruder, sein Leben drum verlöre;" und: „nicht dem
König zürn' ich", ruft sie tief gekränkt dem Alvaro zu, den sie im Herzen liebt;
„denn ich halte es nicht für möglich, dass ein so gerechter Herr sich des Zwangs
gegen Damen bedienen könne; dir nur zürn' ich, dir allein, dass zu solcher Antwort
du mich nötigst." Hierauf entfernt sich Hipolita. Als Alvaro, entzückt über die
herrliche Rede der Geliebten, mit den Worten: „nun ich denk', o Herr, dass du
Hipolitas Antwort hörtest," sich nach der Stelle wendet, wo er den König verborgen
glaubt, tritt zu seiner Ueberraschung Graf Pedro hervor, welcher erbittert über die
seiner Schwester angethane Schmach das Schwert gegen Alvaro zieht. Allein dieser
ruft: „zurück das Schwert!" beteuert seine Unschuld und versichert, dass ein streng
Gericht ihm die Lippen verschliesse. Nachdem nun Pedro in der Absicht, vor dem
König selbst Klage gegen Alvaro zu führen, abgetreten ist, tritt der König, der jetzt

zur Erkenntnis seines Unrechts gekommen ist, zu Alvaro und erklärt ihm, dass der Graf kein Verräter sein könne und er selbst der edlen Hipolita entsage. Hierauf entlarvt er durch eine List die eben herankommenden heimtückischen Verläumder Iñigo und Ordono, versöhnt Alvaro mit Pedro, welcher von Hipolita und Laura begleitet, aufgetreten ist, um Klage wider den vermeintlichen falschen Freund zu führen, und macht beide Freunde zu seinen vertrauten Ratgebern. Schliesslich vermählt er Hipolita mit Alvaro, während Pedro die Hand der Laura reicht und an den König die Schlussworte richtet:

„Y me quedaré à servir	„Und so werd' in deinem Dienst,
Con mayores esperanzas	Höhrer Hoffnung voll, ich harren,
De que sabré, pues ya supe	Was ich noch erfahren möge,
Del bien y del mal."	Der ich Wohl und Weh erfahren."

Wie in den meisten geschichtlichen Dramen Calderons, so ist auch in diesem Drama das Geschichtliche und namentlich die spanische Staatsgeschichte mit grosser Freiheit und teilweise sagenhaft behandelt. Calderons Alvaro ist in der Geschichte der nach Aragonien entflohene Sohn des Alvares d'Almada, Grafen von Abranches, dessen Geschichte namentlich de la Llède in seiner hist. de Portugal[1]) berichtet. Bei der traurigen Begebenheit aber, welche Alvaro im ersten Akt dem Grafen Pedro berichtet, schwebt dem Dichter wahrscheinlich die Gesinnung und das Geschick des grossen D. Alvaro Vaz de Almada vor, welcher im Jahre 1449 zugleich mit seinem Herrn und Freund Pedro, dem Infanten von Portugal, (Bruder des standhaften Prinzen) unweit Lissabon als Opfer der Treulosigkeit fiel.[2]) Die Namen sind verändert — durch den Beinamen Viseo scheint Alvaro dem königlichen Stamm von Portugal selbst zugesellt zu werden — und während die Geschichte den Flüchtling nach Aragonien versetzt, lässt ihn der Dichter in Castilien auftreten. Alfonso VII. erscheint bei Calderon einmal (II. 30,2) als König von Castilien, am Schluss (II. 35,2) dagegen als Beherrscher von Aragonien und Navarra: „Ilustre Alfonso de Aragon y de Navarra" und Hipolita erzählt von ihm bei Beginn des ersten Aktes, (II. 20,1) dass er seine Mutter Urraca gefangen halte, weil es hiess, dass sie ihrem Bruder, dem Grafen Pedro, die Krone in die Hand zu spielen gedachte. Die Geschichte nun weist mehrere Könige von Castilien und Leon mit dem Namen Alfonso auf, welche mit ihren Müttern, die jedesmal Urraca heissen, zerfallen waren. Am besten passt wohl auf Calderons Alfonso der König von Castilien, Alfonso VII. geb. 1. März 1106, der Sohn des Grafen Ramon von Galicien und der Urraca, welche seit 1109 die Vormundschaft über den Sohn führte, aber ein leidenschaftliches und leichtfertiges Weib sich ganz von ihrem Liebling Pedro Gonzalez von Lara leiten liess und 1126 mit dem Verdacht starb, unerlaubten Umgang mit Lara gepflogen zu haben[3]). Auf

---

[1] Vornehmlich nach dieser Quelle bei Malsburg in der Einleitung zu seiner Uebersetzung des Stücks S. XVIII ff. ausführlich erzählt.
[2] Vgl. von Olfers „Leben des standhaften Prinzen". Berlin 1827 S. 123.
[3] Das Nähere hierüber findet sich bei Ferreras III. Bd. Halle 1755 S. 362 ff. und 442 ff. Span. Ausgabe Madrid 1720 tom. V. p. 190 ff.

letzteren Verdacht ist in der That auch in unserem Drama angespielt, wenn der König am Schluss des III. Aktes den Pedro de Lara darauf aufmerksam macht, „keinen Grund zu lassen all' den trügerischen Zungen, die nicht wissen, was sie sagen, ein Gemahl Euch anzusehen." Das Geschlecht der Lara, welchem Calderons Pedro angehört, gehört also der Geschichte an, und zwar war dasselbe ein altes hochberühmtes Geschlecht in Castilien, welches mit den königlichen Familien in Spanien verwandt war. Welcher Don Pedro de Lara in unserm Stück gemeint ist, lässt sich nicht bestimmen.

Der Hauptgedanke, welcher das ganze Werk durchweht, ist die Läuterung und Bewährung des Seelenadels des echten Mannes in den launenhaften Wechselfällen des Schicksals, das den Menschen bald hoch erhebt, bald tief herabstürzt und ihn so Wohl und Wehe in gleicher Weise empfinden lässt. Wie die gemeine Hofkabale in den erbärmlichen Gestalten der beiden Höflinge Jñigo und Ordoño mit wenigen, aber kräftigen Strichen gezeichnet ist, so hebt sich dagegen der Adel der Gesinnung und die unerschütterliche Freundschaft der beiden gleichgesinnten Hauptpersonen des Stücks, des Don Pedro und Don Alvaro, um so glänzender ab. Zwar ist der Inhalt einfacher und weniger reich, als in den meisten anderen Werken des Dichters; dafür aber entfaltet er eine um so grössere Kunst in den Seelenschilderungen, welche freilich selbst eine ausführlichere Uebersicht des Inhalts nur unvollständig erkennen lässt. Es scheint, dass Calderon bei Abfassung dieses Werks von einem persönlichen, zarten Gefühl geleitet dem Stil eine besondere Aufmerksamkeit gewidmet und so dem Ganzen einen gewissen sinnigen, poetischen Duft verliehen habe. „Mir däucht, bemerkt Malsburg [1]), ich sähe den alten Herrn, wie er in irgend einem luftigen Saal des herrlichen Eskurial sitzt, und mit mehr als sonst sorglichem Streben die Scenen niederzeichnet, die seinem königlichen Gönner ein Bild aus dem eignen grossen Ahnherrengeschlecht leise vor die Seele führen soll, wie er deshalb auch den einzelnen Versen eine besonders gedrungene tiefpoetische Gestalt zu geben sucht. Durch das letztere mag es wohl geschehen, dass wir in der Urschrift Stellen finden, zu deren Verständnis nur wieder ein besonderes Nachdenken der Schlüssel sein kann."

Bemerkenswert und bezeichnend für Calderons Bühnentechnik ist, dass auch dieses seinem Hauptinhalt nach so ernste Stück der Scherz begleitet, freilich — entsprechend der ganzen Anlage des Werkes — ein Scherz, dem zugleich ein tiefer Ernst beigemischt ist. So possierlich und drollig sich auch Garcia, zuerst Alvaros, dann Pedros Diener, benimmt, so liegt doch seiner ganzen Rolle insofern ein tiefernster Gedanke zu Grunde, als Garcia, der immer dem Glück nachzulaufen und in die Dienste des vom Glück Begünstigten zu treten wünscht, stets ins Unglück rennt und statt Lohn und Ehre Schläge und Wunden bekommt, während seinem Rivalen, der erst Pedros, dann Alvaros Diener wird, ohne sein Zuthun alle Gaben zu teil

---

[1] Einleitung zu seiner Uebersetzung des Stücks S. LXIX ff.

werden, die dem Garcia zugedacht sind. Darum sagt denn auch Garcia zu seinem unglücklichen Herrn: „Jag' mich fort; meine traurige Figur scheucht des Glückes letzte Spur"; und gegen den Schluss des Stückes, als das letzte Unglück mit dem Ring ihn betroffen, der ihm zugeworfen, aber dem Julio in die Hände gefallen ist[1]): „Sehen muss ich, wie mir Ringe zugestossen, und der andre darauf stösst, wie mit dem Diamant er fortgeht, und ich mit den Rippenstössen."

Zum Schluss möge noch eine für Philologen interessante, sprichwörtliche Wendung des nämlichen Garcia über das Unheil bringende Pferd des Sejan erwähnt werden. Als Garcia seinen Herrn Pedro auffordert, ihn wieder zu seinem früheren Herrn Alvaro zurückzuschicken, — „dann werde sein Glück gleich wieder feststehen, weil er die Pest sei für Bedientennehmer" — sagt er (II. 33, 1):

„Tres romanos celebrados	„Drei berühmte alte Römer
Dueños del caballo fuéron	Waren Herrn des Pferds Sejan,
Seyano, y los tres murieron"	Und die drei verstarben dran."

Das Geschichtchen über dieses Unheil bringende Pferd, welches auch Lope de Vega in seinem Roman „El peregrino en su patria" erwähnt[2]), hat uns Aulus Gellius in seinen „Noctes Atticae" III, 9 nach Gavius Bassus und Julius Modestus aufbewahrt. Darnach brachte dieses Pferd, nach Bassus, der es in Argos gesehen haben will, „magnitudine inusitata, cervice ardua, colore poeniceo, flora et comanti juba", sogar vier Herren desselben den Untergang, und zwar zuerst dem Gneus Seius, von dem das Pferd den Namen erhielt, der vom Triumvir M. Antonius hingerichtet wurde, sodann dem Consul Corn. Dolabella, welcher in Syrien umkam, drittens dem C. Cassius, der bald darauf gleichfalls kläglich sein Leben verlor und endlich dem Antonius selbst, dessen schmähliches Ende bekannt ist. „Hinc", so schliesst Gellius (§ 6), „proverbium de hominibus calamitosis ortum dicique solitum: „ille homo habet equum Seianum."

§ 7:
Gustos y disgustos son no mas que imaginacion.
(Neigung und Abneigung liegen nur in der Vorstellung.)[3])

1. Akt. Don Pedro, König von Aragon, verschmäht die Liebe seiner edlen Gemahlin Doña Maria, welche von wenigen Hofdamen umgeben in einem Landhaus bei Saragossa voll Demut und Ergebung ihre Jugend vertrauert. Die Abneigung des Königs hat ihren Grund in seiner glühenden Leidenschaft zu Violante, der Tochter des Grafen von Montfort, welche seit zwei Jahren heimlich[4]) mit Don Vicente von

---

[1] II. 34, 3 Malsburg u. a. O. S. 335.
[2] Madrider Ausgabe 1733 libro quarto p. 167: „El caballo Seiano, que a todos sus dueños costó la vida."
[3] II. III. 1—22. K. III, 120—146. Unter dem Titel „Donna Maria" frei bearbeitet von P. v. C. Pauline von Calenberg Cassel 1839.
[4] Die Vermählung wurde wegen eines alten Familienhasses der beiden Häuser Montfort und Fox geheim gehalten.

Fox vermählt ist. Mit Hilfe Leonors, einer erkauften Dienerin der Violante, gelangt der König in das Zimmer derselben im Hause ihres Vaters zu Saragossa und bewirbt sich vergeblich um ihre Gunst. Da tritt Vicente hervor, verteidigt mit dem Degen seine und seiner Gemahlin Ehre gegen den König und erklärt dem Vater der Violante, den das Waffengeklirr herbeigerufen hat, dass er Violantes Gemahl sei und ihrer beider Ehre in gleicher Weise bedroht sei. Der Graf bescheidet den Vicente auf morgen in den Palast des Königs; dort werde er Antwort erhalten.

II. Akt. Im Palast des Königs erkennt der Vater Violantes die Vermählung seiner Tochter mit Vicente an und auch der König erteilt die vom Vater erbetene Genehmigung. Aber die Freude der liebenden Gatten ist kurz: Don Guillen überbringt im Auftrag des Königs der Violante als Morgengabe die Stadt Castellon samt dem Titel einer Marquesin, dem Vicente aber den Befehl, mit dem Titel eines „maestre de campo" unverzüglich zum Heer abzureisen und nicht eher zurückzukehren, als bis der Feldzug beendigt sei. Vicente gehorcht, Violante aber hält es für das sicherste, während der Abwesenheit des Gemahls in das Landhaus der Königin zu Miravalle sich zurückzuziehen. Hocherfreut nimmt diese eine Gattin auf, welche ebenfalls von ihrem Gemahl getrennt ist. Allein der König hat die Kunde von dem Aufenthaltsort Violantes erfahren und eilt vermummt vor das Landhaus der Königin. Hier erblickt er eine am Fenster stehende Dame: es ist Violante, welche den König für ihren erwarteten Gatten hält. Als sie ihren Irrtum erkennt, zieht sie sich zurück; bald darauf naht sich die Königin dem gleichen Fenster und der König, der sie im Dunkeln für Violante hält, begrüsst sie mit freundlichen Worten. Die Königin aber benützt die Täuschung und hocherfreut, endlich aus dem Munde ihres Gemahls Worte der Liebe zu hören, entzückt diesen durch die Anmut und Verständigkeit ihrer Reden, sowie durch die Erlaubnis, jede Nacht vor dem Fenster sie sprechen zu dürfen.

III. Akt. Inzwischen sind viele Nächte verflossen, in welchen der König seine Gemahlin als Violante gesprochen und zugleich durch den Reiz des Geheimnisses gefesselt immer mehr lieb gewonnen hat. Da kehrt Vicente nach siegreichen Schlachten aus dem Felde zurück und nach einer Reihe von spannenden Scenen und Verwicklungen und nachdem der zurückgekehrte Vicente kurze Zeit an der Treue seiner Violante irre geworden ist, ja selbst im Blute der Gemahlin seine Ehre hat rein waschen wollen, enthüllt die Königin die Täuschung. Vicente bittet Violante für seinen kurzen Zweifel an ihrer Treue um Verzeihung, der verirrte König aber kehrt beschämt in die Arme seiner Gemahlin zurück und führt sie wieder an seinen Hof. Der Gracioso Chocolate schliesst das Ganze mit der Versicherung, dass dies eine wahre Geschichte sei und eine Bestätigung des Satzes, dass Neigung und Abneigung in diesem Leben nichts sei als eine leichte Einbildung:

„Que el gusto y disgusto
Desta vida son
No mas que una leve
Imaginacion."

Da nach einer Bemerkung Hartzenbuschs (IV. 678) der VIII. Band der Comedias nuevas escogidas, in welchem unser Drama enthalten ist, mit einer vom 21. Oktober 1656 datirten Erlaubnis zur Wiederholung des Druckes versehen ist, so ist das Werk jedenfalls schon früher einmal vor dem obigen Datum gedruckt worden. Den Stoff zu dieser „wahren Geschichte" nahm Calderon höchst wahrscheinlich aus der 1610 zu Saragossa erschienenen Chronik des Çurita „Anales de la Corona de Aragon."[1]) Eine Anekdote dieser Chronik erzählt nämlich, dass Pedro II., König von Aragonien, im Jahr 1204 mit Maria, der Erbin von Montpellier, durch Abgesandte die Vermählung abschliessen liess, ohne die Erwählte vorher gekannt zu haben, nach der ersten Zusammenkunft aber eine solche Abneigung gegen seine Gemahlin fühlte, dass er sie gar nicht mehr sehen mochte. Durch die List eines vornehmen Aragoniers, des Don Guillen de Alcala, sei endlich der König, als seine Gemahlin sich eben in Miraval aufhielt, von einem benachbarten Ort aus in das Gemach der Königin statt in das einer anderen Frau, um deren Gunst der König schon lange vergeblich warb, gebracht worden. Die Frucht dieser Täuschung und Liebe sei die Geburt eines Kronprinzen gewesen, des nachmaligen berühmten Eroberers Jayme (Jacob I.), welcher den Mohren Majorka, Minorca und Valencia abgewann.[2]) Trotz alledem aber blieb nach der Chronik — im Gegensatz zu Calderons Darstellung — der Widerwille des Königs gegen seine Gemahlin bestehen: er drang auf Ehescheidung in Rom und bereits hatte der Papst für Maria entschieden, da machte der Tod des Königs in der Schlacht bei dem Schlosse Muret (1213) den Streitigkeiten der beiden Eheleute ein Ende.

Mit Recht bemerkt Schack (III, 173): „Ein Vergleich mit der historischen Grundlage, auf welche das Stück gebaut ist, zeigt recht deutlich die unvergleichliche Kunst, mit welcher unser Dichter eine magere und geringfügige Anekdote, die noch dazu von Anstössigkeit nicht frei war, umzugestalten und zu verfeinern gewusst hat", und nennt das Drama eine der feinsten und vollendetsten Dichtungen Calderons, ebenso ausgezeichnet durch die Tiefe der Psychologie und die scharfe Analyse des menschlichen Herzens, als fesselnd durch die glückliche Combination des Plans und den Reichtum an spannenden und anziehenden Situationen.[3]) Wohl die herrlichste Scene des Stücks ist jene, welche in dreifüssigen gereimten Jamben, wo immer der sechste Vers in fünffüssigen Jamben den Schluss macht, abgefasst das Wiedersehen der beiden lange getrennten Gatten Vicente und Violante schildert (II. III, 18, 1 u. 2), eine Scene, von welcher V. Schmidt (S. 233) sagt: „Die Worte (der beiden Gatten) sind so edel, wahr und charakteristisch, dass nur bei Shakspeare sich etwas Achnliches finden dürfte. Wer dem Calderon das Talent abspricht, seine Personen zu

---

[1] Tom. I, 93—99 vgl. Ferreras III, S. 69, 74, 102 und 105 f.
[2] „Hierauf bezieht sich, bemerkt V. Schmidt S. 234, der helle starkende Traum der Königin im Anfang des Calderonschen Dramas. So genial wusste unser Dichter jeden geschichtlichen Umstand zu benutzen."
[3] III. 172 f. Auch von diesem, wie von dem vorausgegangenen und folgenden Stück hat Klein in seiner Geschichte des Dramas nicht einmal den Titel angeführt.

individualisieren, mag doch nur diese Stelle betrachten, und das ist unter tausenden Eine!"

Auch der bekannte italienische Novellenschreiber Bandello hat die Erzählung der Chronik, aber in der ursprünglichen rohen nur wenig erweiterten Form in seine Sammlung (Teil II, Nr. 43) aufgenommen und schon vor Calderon hat Lope de Vega, wie Ferd. Wolf in seiner Abhandlung: „Ueber Lope de Vegas Comedia famosa de la Reina Maria" Wien 1855 gezeigt hat, dieselbe Geschichte dramatisch behandelt. Später hat der Italiener Gozzi das Calderonsche Drama, aber in wenig glücklicher Form, für die Bühne in Venedig bearbeitet unter dem Titel „Le due notti affannose."[1])

§ 8.
Amar despues de la muerte. (Lieben bis jenseits des Todes).[2])

I. Akt. Im Hause des greisen Mauren Cadi zu Granada halten maurische Männer und Frauen, in die Tracht ihres Volkes gekleidet, an ihrem Festtag, dem Freitag, eine geheime Zusammenkunft und beklagen in Trauerliedern ihr schmerzliches Los. Da plötzlich wird an der Thüre gepocht und mit Misstrauen empfangen erscheint der alte Juan Malec, der ein Abkömmling der alten maurischen Könige von Granada das Christentum angenommen hatte und Mitglied des obersten Rates der Stadt ist. Er erzählt, dass er aus der Ratsversammlung komme, in welcher neue drückende Verordnungen des Königs Philipp II. gegen die Morisken verlesen worden seien. „Kein Araber dürfe von jetzt an Nationalfeste abhalten, seidene Kleider tragen, Bäder besuchen, oder der arabischen Sprache sich bedienen." Als der Aelteste und Vornehmste im Rat habe er diese Verordnungen als grausam und unklug getadelt und sei deswegen mit dem jungen Juan de Mendoza in einen erregten Wortwechsel gekommen, bis dieser schliesslich in seiner Wut so weit gegangen sei, dass er ihn mit seinem Stocke geschlagen habe. Der so beschimpfte Malec klagt, dass er keinen Sohn habe, um seine Schmach zu rächen, sondern nur eine Tochter, welche in ihrer Hilflosigkeit sein Leid vermehre. Er fordert deshalb alle Morisken auf, sich ein Haupt zu wählen und mit Waffen und Lebensmitteln auf das Alpujarrasgebirge zu ziehen, um der Sklaverei, welche man ihnen hier bereiten wolle, zu entgehen und die in ihm dem ganzen maurischen Volk zugefügte Schmach zu rächen. Die ganze Versammlung, Männer wie Frauen, leisten freudig den Schwur mit den Worten:

„Ofrezco mi vida y alma" und „Todos decimos lo mismo."

Im Hause Malecs weint dessen Tochter Clara, dass sie als Weib den beschimpften Vater nicht rächen kann und dass sie an Einem Tag mit dem Vater auch ihren Verlobten, Alvaro Tuzani, verloren habe. Da er erscheint Alvaro und bietet ihr die Hand an, um als Sohn des Beschimpften die Rache zu übernehmen; aber Clara ant-

---
[1] Abgedruckt in Gozzis Opere. Venezia 1772 tom. V, p. 1 ff. und ins Deutsche frei übersetzt durch J. G. Dyk unter dem Titel „Zwei unruhige Nächte oder Neigung und Abneigung". Leipzig 1781.
[2] II. III. 651—700. K. IV. 574—598. Ins Französische übersetzt von Damas Hinard II. 221—283.

wortet, dass sie als entehrtes Weib seiner nicht wert sei. Darauf tritt der Corregidor Don Alonso de Zuñiga mit Fernando de Valor, einem andern, wie Malec ebenfalls Christ gewordenen Abkömmling der alten maurischen Könige, auf und kündigt dem Malec bis zur Schlichtung des Streits Verhaft in seinem Hause an. Valor aber macht den Vorschlag, Mendoza solle zur Sühne der Beleidigung Malecs Tochter die Hand reichen; Clara erklärt sich damit einverstanden, aber nur in der geheimen Absicht, an dem Verhassten blutige Rache zu nehmen. Inzwischen ist Alvaro in die Alhambra geeilt, wo Mendoza sich im Gewahrsam befindet und eben von seiner heimlichen Geliebten Isabel Tuzani, der Schwester des Alvaro, einen Besuch empfängt. Nachdem Isabel sich versteckt hat, beginnt zwischen Alvaro und Mendoza ein erbitterter Zweikampf, der aber durch die Ankunft des Alonso und Valor unterbrochen wird. Als Mendoza den Vorschlag der Vermählung mit Clara mit beleidigenden Worten zurückweist, entfernen sich Alvaro und Valor wutentbrannt und blutige Rache schwörend mit dem festen Vorsatz, den Aufstand zu beginnen.

II. Akt. Inzwischen sind 3 Jahre verflossen und die Empörung ist ausgebrochen. Am Fuss des Alpujarrasgebirges berichtet Mendoza dem berühmten Don Juan d'Austria, der zur Bewältigung des gefährlichen Aufstandes angekommen ist, dass das steile Alpujarrasgebirge mit seinen fast unübersteiglichen Schluchten und Festungen von den aufrührerischen Mauren besetzt sei, dass Valor zum König gekrönt den alten Namen Aben Humeya angenommen und sich mit Isabel Tuzani vermählt habe und dass neben ihm Isabels Bruder Alvaro Tuzani, „hombre de igual noblezza", der Haupteld der Mauren sei. Eben ist auch einer der spanischen Helden in Juans Begleitung, Don Lope de Figueroa, zum Oberfeldherrn herangekommen und unterredet sich mit ihm: da bringt Mendozas Diener Garces den maurischen Gracioso Alcuzcuz gefangen. Dieser soll nun den Spaniern einen Weg zeigen, um die steilen Felsen zu ersteigen; der Gefangene erklärt sich in seiner Angst zu allem bereit.

Oben aber auf den Berggipfeln sucht in einem Garten der Festung Berja König Aben Humeya umsonst die Schwermut seiner Gemahlin Isabel, welche den Mendoza noch nicht vergessen hat, durch Lieder und Feste zu zerstreuen. Da erscheint der alte Malec und mit ihm Alvaro und Clara. In Gegenwart des Königs vermählt sich Alvaro mit Clara und erfreut sie mit kostbaren Hochzeitsgeschenken, so namentlich einem herrlichen Cupido von Diamanten. Aber kaum haben sich die beiden Liebenden mit den Worten: „Yo soy feliz" die Hände gegeben, da ertönt der Schall der Trommeln und Trompeten, welcher den Anzug des spanischen Heeres verkündet, und zugleich erscheint Alcuzcuz, der mit einem Mantelsack auf den Schultern seinem Führer Garces glücklich entkommen ist. Sogleich entsendet der König den Malec auf seinen Posten nach Galera, den Alvaro auf die Feste Gavia. Alvaro nimmt ergreifenden Abschied von seiner heissgeliebten Clara, welche bei ihrem Vater in Galera bleibt und gelobt ihr, jede Nacht sie zu besuchen.

Im christlichen Lager ist inzwischen der verwundete Garces erschienen und meldet, dass er unter dem Felsen, auf welchem Galera liegt, eine geräumige düstere Höhle entdeckt habe. Auf des Garces Rat beschliessen nun die spanischen Heerführer, diese Höhle mit Pulver zu füllen und so Galera in die Luft zu sprengen.

Auf Galeras Mauern aber ist Alvaro zum Besuch seiner Clara eingetroffen; seinem Diener Alcuzcuz übergibt er sein Pferd, um es bis zur Rückkehr nach Gavia zu halten. Allein dem schlaftrunkenen Diener entläuft das Pferd, und als plötzlich die Trommeln erschallen und die Soldaten rufen: „Centinelas de Galera, al arma" sucht Alvaro umsonst sein Ross, auf dem er mit Clara nach Gavia zurückreiten will. Tiefbetrübt nimmt er Abschied von der Geliebten, um zu Fuss den gefahrvollen und steilen Weg nach seiner Festung zurückzulegen.

III. Akt. In einer finsteren kalten Nacht nähert sich Alvaro wiederum dem Wall der Festung Galera, um seine Gemahlin zu besuchen. Da plötzlich erfolgt ein gewaltiger Krach: eine Pulvermine, welche Garces in die unterirdische Höhle gelegt hat, ist explodirt und hat einen Teil der Festung in die Luft gesprengt. Die Spanier dringen durch die geöffneten Wälle in die brennende Stadt ein, um, was das Feuer verschont, mit dem Schwert zu vernichten. Auch Malec ist unter den Toten. Zugleich mit den Spaniern ist aber auch Alvaro hineingedrungen, um seine Gemahlin Clara zu retten. Er findet sie, aber unter den Trümmern ihrer Wohnung, blutüberströmt und sterbend: bevor sie in den Armen des Gemahls verscheidet, kann sie diesem noch berichten, dass ein spanischer Soldat nach ihren kostbaren Geschmeiden und Edelsteinen lüstern, ihr den Dolch tief in die Brust gestossen habe. Alvaro schwört, ihren Tod zu rächen, damit Himmel und Erde erfahre, dass er in seinem „arabischen Herzen Liebe bewahre bis jenseits des Todes", und meldet dem maurischen König, der zu spät mit seinen Leuten zu Hilfe erscheint, Galeras Fall. Aben Humeya aber erklärt, obgleich auch Don Juan durch Mendoza den Arabern in Berja Verzeihung zusichert: „Yo soy rey de la Alpujarra" und gelobt, die Sache der Mauren bis aufs Aeusserste zu verteidigen.

Alvaro Tuzani schleicht als christlicher Soldat gekleidet ins spanische Lager, um Claras Mörder zu suchen. Der Anblick des diamantenen Cupido, um welchen 2 Soldaten streiten, leitet ihn auf die Spur des Mörders. Alvaro verteidigt das Recht des einen Soldaten, Garces, der behauptet, den Cupido einer schönen Maurin, der er den Tod gegeben, abgenommen zu haben, mit dem Degen und wird deshalb gefangen gesetzt. Garces besucht seinen Lebensretter im Gefängnis und erzählt ihm, dass er seit dem unseligen Tage, da er jene schöne Maurin getötet, kein Glück mehr in seinen Unternehmungen gehabt habe. Scheinbar ruhig lässt sich Alvaro die Schönheit der Maurin und die näheren Umstände des Mordes erzählen; aber wie Garces mit den Worten schliesst: „Jch durchbohrte ihr die Brust", da springt Alvaro auf und mit der Frage: „War der Stoss wie dieser?" durchbohrt er blitzschnell mit seinem Dolch den Spanier, der tötlich getroffen zu Boden sinkt. Auf das Geschrei des Sterbenden: ¡Ah posta, posta de guardia!" eilen Soldaten herbei; auch Juan d'Austria und Lope de Figueroa erscheinen. Allein der kühne Maure, der seinen Namen nennt und seiner That sich rühmt mit den Worten:

„Tuzani, á quien apellidan
El rayo de la Alpujarra.
A vengar vine la muerte
De una beldad soberana",

bahnt sich den Weg durch die Piken und Hellebarden der Spanier und entkommt glücklich auf die Höhen von Berja.

Ihm auf dem Fusse folgt das christliche Heer und lagert sich vor Berja. Da erscheint auf den Zinnen der Festung Isabel, bewillkommt den Don Juan mit den Worten:

„Generoso Don Juan de Austria,
Hijo del águila hermosa,
Que al sol mira cara á cara."...

und berichtet, dass ihr Gemahl, König Aben Humeya, von den aufrührerischen Arabern ermordet worden sei, weil er die Festung nicht übergeben wollte, und bittet um Gnade für sich [1]), ihren tapferen Bruder Alvaro Tuzani und den Rest des maurischen Volkes. Juan gewährt ihre Bitte und Alvaro schliesst das Ganze mit den Worten:

Aqui acaba   „Und hier endet
Amar despues de la muerte   Lieben bis jenseits des Todes
Y el sitio de la Alpujarra".   Und der Alpujarras Aufstand."

Dieses Drama, welches Calderon selbst unter dem Titel „El Tuzani de la Alpujarra" aufführt [2]), ist jedenfalls vor dem Jahr 1654 entstanden, da in Thomas Corneilles „Illustres ennemis" einzelne in Hartzenbuschs Calderonausgabe (IV., 694) aufgeführte Stellen daraus übersetzt sind. Die geschichtliche Grundlage des Werkes bilden die Ereignisse, welche der 1568 ausgebrochenen und 1570 durch Juan d'Austria niedergeschlagenen Empörung der Moriscos auf dem Alpujarrasgebirge angehören. Einzelne Stellen bei Calderon weisen auf Mendozas (1503—1575) berühmte Geschichte des Aufstands der Moriscos „Guerra de Granada" (Valencia 1776) hin, so z. B. die beredte Ansprache Malecs bei Beginn des ersten, und die Schilderung des Alpujarrasgebirges beim Beginn des zweiten Aktes [3]). Auch dem Werk des Marmol Carvajal „Historia del Rebelion y Castigo de los Moriscos del Reyno de Granada" 2. Aufl. I. und II. Bd. Madrid 1797 hat der Dichter verschiedene Einzelheiten entnommen. So wird bei beiden der erst 22jährige Don Fernando de Valor zum König der Mauren ernannt und nimmt den Namen Aben Humeya an, wird aber bei Marmol schon 1569

---

[1] Hiebei bemerkt Isabel II. III., 700,3 „Que aqui tiranizada, vivi morisca en la voz y católica en el alma."

[2] Huerta, Teatro hesp. II., 3 p. XXII.

[3] Vgl. Calderon II. 681 und 682. sowie 686 und 687 mit Mendoza, „Guerra de Granada" I. Buch cap. 29 und S. 43 f.

durch Verschwörer erdrosselt.¹) Auch die Angabe des Don Juan de Mendoza bei Calderon (H. 687,2), dass die Verschwörung 3 Jahre lang, trotzdem mehr als 30,000 Menschen in das Geheimnis eingeweiht waren, nicht verraten wurde, sowie die Namen der hervorragenderen Anführer bei Calderon (H. 687,3 und 688,1), wie Don Juan d'Austria, Lope de Figueroa, Marques de Mondéjar u. a. sind geschichtlich. Endlich wird auch die im Jahr 1570 erfolgte Bestürmung und Einnahme von Galera bei Marmol in ähnlicher Weise, nur weit ausführlicher geschildert: auch bei ihm sprengten Pulverminen einen Teil der Stadt in die Luft und Don Juan, erbittert durch den hartnäckigen Widerstand der ketzerischen Moriscos, liess jedes Haus niederbrennen oder dem Erdboden gleichmachen²). Dagegen findet sich von der den Mittelpunkt des Dramas bildenden über den Tod dauernden, heissen Liebe Alvaro Tuzanis und Claras weder bei Marmol noch bei Mendoza irgend welche Andeutung. Ohne Zweifel hat der Dichter, worauf Ticknor II, 26 aufmerksam macht, aus der halb dichterischen, halb ernsthaften Erzählung von Hita „Guerras de Granada" (2 Bde.) die Geschichte Tuzanis, welche den schönsten Teil des II. Bandes (cap. 22, 23 und 24) bildet, benützt und mit Festhaltung verschiedener historischer Thatsachen dichterisch zu seinem Drama verarbeitet. Dass der grössere Teil der Erzählung Hitas auf Wahrheit beruht, ist wohl glaublich, zumal da Hita bestimmt versichert, seine Erzählung rühre von Tuzani selbst her, den er später nach dem Aufstand in Madrid kennen gelernt habe.

Dass Don Juans berühmter Sieg bei Lepanto, der erst nach Beendigung des Maurenaufstandes im Jahr 1571 erfochten wurde, schon in unserem Drama z. B. II. 684.3 erwähnt wird, kann bei Calderons Freiheit in der Behandlung der historischen Ereignisse nicht auffallen. Ebensowenig kann uns die Verherrlichung des Siegers von Lepanto, namentlich im Munde Isabels am Schluss des Stückes, und die auch sonst, besonders aber in unserem Drama durch die vielen Anspielungen z. B. II. 684.3, 687,1, 700,3 deutlich hervortretende Anhänglichkeit an das österreichische Kaiserhaus befremden, um so weniger als König Philipp IV. am 15. November 1649 sich mit einer österreichischen Prinzessin vermählt hatte und unser Stück etwa in den Jahren 1649—1654 entstanden ist. Bemerkenswerter jedenfalls, als diese Anhänglichkeit an das Haus Oestreich, ist die andere Erscheinung, dass Calderon, obgleich sonst als glühender Verteidiger des katholischen Christentums und der Massregeln der spanischen Könige bekannt, hier keine Spur von Geringschätzung oder Hass gegen die ungläubigen und rebellischen Moriscos an den Tag legt, vielmehr die Unterliegenden mit allen Tugenden des edelsten Heroismus ausstattet, so dass sich nicht den Siegern, sondern den besiegten Moriscos als den Opfern des Unglücks und der Uebermacht unwillkürlich unsere Teilnahme zuwendet.

---

¹ Marmol II, 162—163 und Mendoza S. 212—220. Nach Mendoza S. 219 starb Aben Humeya als Christ mit den Worten: „Wie ich gelebt, so sterbe ich im christlichen Glauben. Ich übernahm die Leitung der Rebellion, um das von den Spaniern über mich und meine Familie gebrachte Unheil um so besser rächen zu können. Dasselbe ist in vollem Masse geracht worden und ich bin jetzt zu sterben bereit." Vgl. W. Prescott Geschichte Philipps II Deutsch von J. Scherr 3. Teil, Leipzig 1859 S. 113
² Marmol II 233—239 und Mendoza S. 266—288.

Was nun den Stil unseres Dramas anlangt, so vermisst allerdings V. Schmidt S. 242 nicht mit Unrecht in der Sprache der ernsthaften Scenen jenes Treffende, Frische und aus dem tiefsten Gefühl Hervorquellende, welches die Stücke seiner besten Periode, namentlich das Mädchen des Gomez Arias, das seinem Inhalt nach viele Vergleichungspunkte darbietet, auszeichnet. Aehnlich bemerkt auch Schack III., 168, dass es im Stil nicht durchgängig zu loben sei und dass in den erschütterndsten Scenen, wo man die ungeschminkte Sprache der Empfindung erwarte, oft Gesuchtheit des Ausdrucks störe. Darin aber sind alle Kritiker einig, dass unser leider noch nicht ins Deutsche übersetztes Drama dem Entwurf nach zu den trefflichsten Werken des Dichters gehöre, durch eine Fülle der spannendsten und ergreifendsten Scenen sich auszeichne und ein überaus glänzendes und lebensvolles Gemälde des Aufstandes der Moriscos auf dem Alpujarrasgebirge vor unseren Augen entrolle. Von hervorragenden Scenen nenne ich die ergreifende Rede Malecs bei Beginn des ersten Aktes, mit welcher er in der Versammlung der Moriscos seinem Schmerz über den erlittenen Schimpf Ausdruck verleiht, sodann die lebendige und anschauliche Schilderung, welche am Anfang des II. Aktes Mendoza dem Don Juan über die Veranlassung und den bisherigen Verlauf der Empörung, dem Sitz derselben auf dem unübersteiglichen Alpujarrasgebirge „la rustica muralla, la bárbara defensa de los moriscos" (H. 687, 1) und den Häuptern der Moriscos entwirft, eine Rede, die auch dadurch bemerkenswert erscheint, dass Mendoza als echter Spanier lieber seine ungestüme Hitze gegen Malec als erste Veranlassung zum Aufstand anklagt, als die harten Massregeln der spanischen Regierung gegen die Moriscos tadeln will[1]) und der Häupter derselben, des Don Valor und Alvaro Tuzani „otro ombre de igual nobleza" (II. 687, 3) mit aller Anerkennung gedenkt. Im dritten Akt ist von erschütternder Wirkung nicht bloss die Scene von Claras Tod in Gegenwart ihres Gatten (II. 694 und 695), sondern auch die Art und Weise, mit welcher Alvaro die Rache ausführt und der nichts ahnende Mörder Gines von seinem Lebensretter, dem er vertrauensvoll die näheren Umstände von Claras Tod erzählt, blitzschnell den tötlichen Streich erhält und schmerzlich ausruft (II. 699, 3):

„¿Tu me matas?" und „¿Para que vida me dabas,
Si me habias de dar muerte?"

Der gewaltige Eindruck aber, den das Drama in seiner Gesamtheit durch die den Mittelpunkt bildenden Hauptpersonen[2]) und den Grundgedanken, der sich

---

[1] II. 687, 1 sagt Mendoza: „Aunque mejor es decir que fui la causa primera, que no decir que lo fueron las pragmáticas severas" . . . und . . „Si uno ha de tener la culpa, mas vale que yo la tenga".

[2] „Quelques-uns des caractères principaux," bemerkt Damas Hinard II 249, „sont admirablement tracés Tuzani, plein de grandeur, de passion et de noblesse, est bien l'homme qui dut rester fidèle à l'objet aimé après l'avoir perdu. Garces represente le soldat de ces temps-la, joueur, pillard, feroce, mais d'une bravoure à l'epreuve, et susceptible de quelques sentiments eleves Enfin le lecteur retrouvera sans doute avec plaisir dans ce drame la figure originale de Lope de Figueroa, avec laquelle il a deja probablement fait connaissance." Gemeint ist Calderons „Alkalde von Zalamea", in welchem Lope in ganz ähnlicher Weise charakterisirt ist.

durch das Ganze hindurchzieht: „Amar despues de la muerte" ausübt, lässt sich wohl nicht besser ausdrücken, als durch die folgenden schönen Worte Ticknors (II, 28)· „Die Gewalt dieses schmerzvollen Trauerspiels besteht in dem von ihm hervorgebrachten lebendigen Eindruck hoher und reiner Liebe, im Gegensatze zur Roheit des Zeitalters, in welcher es spielt, während das Ganze durch Calderons dichterische Einbildungskraft veredelt wird, die doch nur aus der Geschichte und aus bekannten Thatsachen geschöpft hat. Betrachtet man das Stück in diesem Lichte, so ist es eine grossartige Darstellung von Gewaltthaten, Niederlagen und hoffnungslosem Aufruhr, durch dessen düstere Auftritte wir durch die flammende Liebe geleitet werden, welche den Araber allenthalben auszeichnet, und durch jenes stolze Ehrgefühl, das ihn auch dann nicht verlassen hat, als er entmutigt und besiegt das herrliche Reich räumen musste, das er so lange an Europas entlegenstem Ende beherrscht hatte. Wir werden in diesem Schauspiel dem Gehässigsten gegenübergestellt, was der Krieg nur mit sich bringt, und sollten, indem wir mit eigenen Augen dessen furchtbarste Greuel anschauen müssen, zurückgestossen werden; aber inmitten hiervon erhebt sich in Claras Gestalt das schönste Bild weiblicher Liebe, vor dessen Anmut auch der Lärm des Kampfes mindestens gedämpft erscheint, während wir von Anfang bis zu Ende einerseits in den Charakteren Johanns von Oestreich, Lopes de Figueroa und Garces', und andererseits im ehrwürdigen Malec und feurigen Tuzani fast geblendet werden vom Anblicke der Zeiten, die Calderon uns vorführt, und der Leidenschaften, welche die beiden romantischsten Nationen, die jemals so unmittelbar mit einander gerungen haben, so sichtbar auszeichneten."

Was endlich die komischen Partien des Dramas, vertreten durch den maurischen Gracioso Alcuzcuz betrifft, so ist allerdings dessen Rolle nicht durchweg gelungen und teilweise jedenfalls hat Damas Hinard II, 219 Recht, wenn er sagt, dass die Komik desselben in einem „jargon d'une syntaxe bizarre, et dans des mots estropiés ou mal prononcés" bestehe. Gleichwohl zeugt auch die Rolle dieses Gracioso an mehr als einer Stelle von der Kunst des Dichters, neben dem schmerzlichen Ernst, der das Ganze durchdringt, bei passender Gelegenheit auch den Scherz zu verwenden und diesem selbst wieder eine ernste Wendung zu geben. Zum Beweis dessen mögen einige Scenen des II. Aktes dienen. Als Alcuzcuz mit dem Mantelsack seinem Führer Garces glücklich entronnen ist, untersucht er mit der maurischen Dienerin Beatriz den Mantelsack und findet darin Schweinefleisch und Wein — beides bekanntlich den Mohamedanern zu essen verboten. — Die Dienerin schreit: „alles was du mit dir führst, ist Gift!" und läuft davon. (II. 691,1.) Alcuzcuz glaubt es und meint, Garces habe ihn vergiften wollen. Später nun, als Alcuzcuz vom Schlaf überwältigt das Ross seines Herrn hatte entkommen lassen, denkt er an das Wort der Beatriz und sucht sich aus Furcht vor Strafe zu vergiften. Er greift nach der Weinflasche und trinkt, und da es nicht gleich wirken will, immer mehr. Endlich bemerkt er, dass die Augen ihm trüb werden, das Gehirn ihn schmerzt, die Zunge schwer wird, und er sinkt in den Schlaf mit den tiefsinnigen Worten: [1])

„¿Esto es dormer ó morer?	„Ist das Schlafen oder Sterben?
Mas todo diz que es el mesmo,	Doch, mein Treu, 's ist immer Eins;
Y ser verdad, pues no sé	Denn wahrhaftig weiss ich nicht,
Si me muero ó si me duermo."	Ob ich sterbe, ob ich schlafe."

§ 9.
La niña de Gomez Arias. (Das Mädchen des Gomez Arias.) [1])

I. Akt. Gomez Arias hat zu Granada im Zweikampf den Don Felix, seinen Nebenbuhler in der Liebe zur schönen Beatriz, der Tochter des Don Diego, für tot auf das Pflaster hingestreckt und muss deshalb aus Granada fliehen. Allein Felix ist nicht tot, sondern hat sich von seinem Falle wieder aufgerafft und setzt verwundet, den Arm in der Binde, seine Bewerbung um Beatriz fort. Beatriz aber weist ihn zurück, da sie den flüchtigen Gomez Arias liebt. Inzwischen ist Gomez in Soldatentracht, begleitet von seinem Diener Gines, von dem er wegen seines leichtsinnigen Lebenswandels die bittersten Vorwürfe hören muss, in seine Vaterstadt Guadix gekommen. Hier bethört er bald durch seine Verführungskünste die arglose, unschuldige Dorotea, die Tochter des Don Luis, in einer Weise, dass dieselbe, trotzdem sie zufällig vernommen hat, Gomez habe in Granada eine Braut, auf des Verführers Versprechen hin, sie zu ehelichen, sich sogar zur Flucht aus dem väterlichen Hause entschliesst.

II. Akt. Nach zweitägiger Reise rasten die Flüchtlinge in einem wilden Thale am Fuss des steilen Alpujarrasgebirges, auf welchem die gegen die spanische Königin Isabel empörten Mohren unter Führung ihres Häuptlings Cañeri hausen. Der herzlose Gomez ist der Entführten bereits überdrüssig geworden, und während sie ermüdet von der weiten Reise im Schlummer daliegt, reitet er trotz der flehentlichen Bitte des mitleidigen Dieners: „Schlummernd im Gebirg, allein, kannst du so sie lassen wollen", mit den beiden Pferden und dem Diener davon, während die arme Dorotea im Traum die ahnungsvollen Worte spricht:

| „Mi bien, mi esposo, no así | „Mein Geliebter! Mein Gemahl! |
| De mi amor huyendo vayas" | Kannst du so mich fliehen wollen?" |

Als Dorotea erwacht, erblickt sie entsetzt anstatt des Gemahls den schwarzen Mohrenhäuptling; dieser aber entzückt über ihre „göttergleiche Schönheit" befiehlt seinen Leuten Dorotea, die ihren Gatten im Kampf für sie gefallen glaubt, auf sein Schloss zu entführen. Allein plötzlich erscheint Don Diego, der Vater der Beatriz, welchem Königin Isabel den Oberbefehl über die christlichen Scharen übergeben hat, an der Spitze eines Heeres, befreit Dorotea und bringt sie nach Granada zu seiner Tochter

---

[1] II, IV, 43—43 und K II, 388—413. Ins Deutsche übersetzt von Gries VIII. Bd. S. 1—166, von der Verfasserin der Rolands Abenteuer, Gotha 1825 und von Moriz Rapp im span. Theater VI, 185 ff. Nach Hartzenbusch IV, 676 ist das Drama jedenfalls nicht nach dem Jahr 1651 gedichtet worden.

Beatriz. Hier hat Gomez Arias das gleiche Spiel mit Erfolg begonnen und auch das Herz der Beatriz völlig bestrickt. Dorotea aber tritt in ein Zimmer, in welchem sie unvermutet auf ihren Vater stösst, der von Guadix nach Granada gekommen ist, um seinem Freund Diego seine kummervolle Lage, die Entführung seiner Tochter durch den „Mörder seiner Ehre", Gomez Arias, zu klagen. Der Vater will in seinem Grimm die treulose Tochter erstechen, das Licht erlischt: da glaubt der im Haus versteckte Gomez die klagende Stimme der Beatriz zu erkennen, sprengt die Thüre des Zimmers und entflieht mit Dorotea, welche er in der Finsternis für Beatriz hält. Die wirkliche Beatriz aber, welche von Gines den Sachverhalt erfährt, erfasst wütende Eifersucht; doch Gines, der seinen Herrn kennt, tröstet, bevor er diesem nachfolgt, die Eifersüchtige mit den Worten:

"Pues no rabies mucho dellos;
Que en el primer montecio
Dará venganza á tus celos."

"Doch nicht allzu heftig wüte;
Denn das erste beste Berglein
Wird dich rächen zur Genüge.

III. Akt. Wie am Anfang des II. Aktes treffen wir Gomez mit Dorotea in einem Thal gegenüber dem maurischen Bergschloss Benamegi. Grenzenlos ist des Wüstlings Wut, als er seinen Irrtum bemerkt, grenzenlos aber auch Doroteas Schmerz, als sie entdeckt, dass der Geliebte sie hasse und verachte. Als der Grausame sie wieder verlassen will, fleht sie ihn an: „Ohne mich nicht gehe, oder lass mich Tod erleiden." Da ruft Gomez dem Wächter von Benamegi, und als Cañeri selbst auf der Mauer des Schlosses sich zeigt, da bietet der „christliche Ritter" dem Mohren Dorotea als Sclavin an; und wie dieser Dorotea erkennt, verspricht er entzückt der Gomez alle seine Schätze für sie zu geben: „Was ich nur an reicher Gabe, Silber, Gold und Steinen habe, alles geb ich, Christ, für die." Während er von der Mauer herabsteigt, um seine Beute zu holen, wendet sich Dorotea in einer hinreissenden Rede voll stürmischer Gewalt an den Unmenschen, um ihn zum Mitleid zu bewegen; und zum Schluss als sie Cañeri bereits von seinem Schloss herabsteigen sieht, ruft sie ihm die Worte zu: „O kehr in dich jetzt zurück um deinetwillen, jetzt da Reue zum Verdienst dir noch wird, nicht zum Verbrechen!"

"Porque de no hacerlo así,
Cielo, sol, luna y estrellas,
Sin alumbrar ni lucir;
Hombres, aves, fieras, peces,
Sin obrar ni discurrir;
Montes, peñas, troncos, fieras,
Sin albergar ni servir;
Agua, fuego, tierra y viento,
Sin animar ni asistir,
Atentos á accion tan fea
Se volveran contra tí,
Viendo que de tantas veces
No te enternece el oir:

"Denn sonst werden — glaub' es mir —
Himmel, Sonne, Mond und Sterne
Dir verweigern Wärm' und Licht;
Menschen, Vögel, Wild und Fische
Red' und Beistand dir entziehn;
Berge, Felsen, Bäum' und Pflanzen
Dir versagen Schutz und Dienst;
Wasser, Feuer, Luft und Erde,
Nicht belebend, nährend nicht,
Bei dem Anblick solches Frevels
Sich empören wider dich,
Wenn sie sehn, dass ohne Rührung
Du so oft dies Flehn vernimmst:

Señor Gomez Arias	Señor Gomez Arias,
Duélete de mi	Meinen Jammer sieh!
No me dejes presa	Lass mich nicht gefangen
En Benamejí."	In Benamegi!"

Allein ungerührt nimmt Gomez von dem herankommenden Mohren den Kaufpreis, ein Kästchen mit Edelsteinen, dieser aber lässt mit den Worten: „Christin, nun zum andernmale bist du mein!" Dorotea durch seine Mauren fortführen. Die Arme folgt, indem sie von den Menschen verlassen, an die leblose Natur ihre letzte rührende Klage richtet:

„Estrellas que esto influis,	„Sterne, die ihr dies bewirkt,
Luceros que esto mirais,	Tagverkünder, die ihr's schauet,
Cielos que lo consentis,	Himmel, der gestattet dies,
Altos montes que lo veis,	Hohe Berge, die ihr's sehet,
Aves que lo repetis,	Vögel, die ihr's wiedersingt,
Vientos que lo estáis oyendo,	Winde, die ihr dies vernehmt,
Arboles que lo asistis	Bäume, die hier Zeugen sind
Y escuchais mi triste llanto,	Und mein ängstlich Jammern hören,
A darme amparo acudid:	Kommt, o kommt und rettet mich!
Y pues de mi no se duelen	Und da Menschen nicht Erbarmung
Los hombres, doléos de mí;	Fühlen, fühlet ihr doch sie;
Que me llevan presa	Denn man schleppt mich grausam
A Benamejí."	Nach Benamegi."

Als Gines, welcher bisher, seines Herrn Sinnesart scheuend, schweigend zugesehen hatte, empört über solche Barbarei seinem Herrn Vorwürfe macht, da ruft dieser mit den Worten: „Einen Diener haben wir, der predigt?" dem Cañeri nach und gibt dem Mohren seinen Diener als Zugabe, ohne einen Preis zu fordern. Widerstrebend folgt Gines seinem neuen Herrn mit einer halb drolligen halb ernsthaften Nachahmung der Klage Doroteas:

„Verde monte, cielo azul,	„Grüner Wald, azurner Himmel,
Blanca sierra, mar turquí,	Weiss Gebirg, Meer von Sapphir,
Leonada amapola, parda	Purpurroter Mohn, schwarzbrauner
Peña, rosa carmesí,	Felsen, Rose von Carmin,
Papagayos verdegayes	Grün bemalte Papageien,
Y morados alhelís,	Violette Veilchen hier —
¿Como con vuestros colores	Wie nur bleibt ihr all' in euerm
Os estáis, y no os vestis	Farbenschmuck und hüllt euch nicht
Del color de mis tristezas?	In die Farbe meiner Trauer?
¿Como no os doleis de mí,	Habt ihr Mitleid nicht mir?
Que soy niño y solo,	Bin ein armes Knäblein,
Y nunca en tal me vi,	Erfuhr dergleichen nie;
Y me llevan preso	Und man schleppt mich grausam
A Benamejí?"	Nach Benamegi!"

Gomez Arias aber entfernt sich mit den Worten:

„In dem Weib und in dem Diener schaff ich fort zwei Feinde mir;
Reich und frei von diesen, hoff' ich zu versöhnen Beatriz;"

und er hat wirklich die Frechheit, nach Granada zurückzukehren und mit den Edelsteinen um Beatriz zu werben. Allein diese ist zur Einsicht gekommen und weist den Frevler mit Abscheu von sich.

Bald naht die rächende Nemesis. Königin Isabel erscheint mit einem grossen Heere vor Granadas Mauern und durch Doroteas Vater Don Luis von der Schandthat des Gomez in Kenntnis gesetzt, befiehlt sie den Bösewicht lebend oder tot einzuliefern und gelobt, weder ihr Gewand zu wechseln noch einen Wohnort zu betreten, bis sie die Rebellen ihrer Macht, bis sie Benamegis Höhen bezwungen und das unselige Weib befreit:

„Para que digan los siglos,   „Dass Jahrhundert berichten
Si hubo una mujer burlada,   Ward ein Weib beschimpft, ein and'res
Que otra que la vengue ha habido." Ward die Rächerin des Schimpfes.

Auf Benamegi hat inzwischen Cañeri alles gethan, um die geliebte Christin „durch Zartheit und Schmeicheleien zu gewinnen, bis sie ihrem Glauben abgethan sich mit ihm verbinde." Aber umsonst: so sehr Dorotea des Afrikaners Zartheit und Milde achtet, sie erklärt ihm, wenn sie tausend Leben hätte, sie würde alle gern zum Opfer bringen, um sich des Glaubens und der Ehre Gut zu sichern.

Da naht das christliche Heer heran und Cañeri eilt mit seinen Mauren in den Kampf, „für sich selbst, wie er sagt, und das holde Götterbild, das ihn besiegte." Dorotea aber befreit die gefangenen Christen, welche die Waffen ergreifen, von innen die Thore Benamegis öffnen und so den Sieg des christlichen Heeres beschleunigen. Cañeri mit Don Luis „dem Christen-Cid", wie ihn der Mohr nennt, ringend stürzt von der Mauer der Feste herab und stirbt vor den Füssen der siegreichen Königin.

Den Gomez Arias aber bringt, vom hohen Lohn angelockt, ein Haufe Bauern als Gefangenen herbei. Die Königin zwingt ihn, der Dorotea zur Herstellung ihrer Ehre die Hand als Gatte zu reichen; aber gleich darauf erteilt sie den Befehl, das Haupt des Mannes durch Henkershand abzuschlagen und an der Stelle, wo er die Gattin einst verkaufte, auf einen Pfahl zu stecken. Mit den Worten: „Gerechter Himmel! Sühne meine Schuld die Strafe!" wird Gomez abgeführt. Die Königin aber schliesst, zu der für den Gatten um Gnade flehenden Dorotea gewendet, als Stellvertreterin des höchsten Richters mit den ewig denkwürdigen Worten:

„En cualquier delito el Rey   „Bei Verbrechen ist der König
Es todo. Si parte has sido   Alles. Hast Du ihm verziehen,
Tú, y le perdonas, yo no.   Als Partei — Ich thu' es nicht,
Porque no quede á los siglos   Dass der Folgezeiten Richter
La puerta abierta al perdon   Zur Verzeihung solchen Frevels
De semejantes delitos."   Nicht das Thor geöffnet finden."

Die Zeit, in welche die in unserem Drama geschilderte Begebenheit fällt, kann genau nachgewiesen werden. Im Jahr 1492 übergab der maurische König Aboabdeli Granada dem König Ferdinand und der Königin Isabella unter der Bedingung, dass die Mauren ihre freie Religionsübung behalten und ihre Angelegenheiten nach ihren Gesetzen und durch ihre Richter oder Cadis entschieden werden sollten.¹) Allein schon im Jahre 1499 empörten sich einige Mauren auf den Alpujarras und im folgenden Jahr 1500 entstand ein allgemeiner, gefährlicher Aufstand der Mauren. Dieselben bemächtigten sich einer Reihe von Castellen, belagerten Margena und schickten nach Afrika um Succurs. Deswegen zog König Ferdinand mit grosser Heeresmacht aus Andalusien und den beiden Castilien gegen die Mauren heran und bewältigte teils durch Güte teils durch Gewalt bereits im März des Jahres 1500 den Aufstand²). Eine Episode nun aus diesem Aufstand der Mauren auf den Alpujarras behandelt Calderon in unserem Drama³), offenbar im Anschluss an eine alte Sage, welche sich in spanischen Volksliedern erhalten hat. Dies beweist deutlich die im Romanzenton gehaltene rührende Klage der Dorotea in der Mitte und am Schluss ihrer berühmten Rede (II. 39,2 und 3): „Señor Gomez Arias, Duélete de mí" u. s. w. Noch deutlicher aber weist auf Benützung eines alten Volksliedes jene Stelle hin, wo der Mohr Cañeri, um Doroteas Gram zu lindern, seine Musiker ein Lied singen lässt, und nun Dorotea in dem Gesang eines volksmässigen Liedes ihr eigenes Leid vernimmt (H 42,2):

„Señor Gomez Arias   „Señor Gomez Arias,
Duélete de mí,   Meinen Jammer sieh!
Que soy niña y sola,   Bin ein armes Mägdlein,
Y nunca en tal me vi."   Erfuhr dergleichen nie;"

worauf Dorotea weint und spricht (II. 42,3):
„¿Ya anda en canciones mi historia?"   „Schon in Liedern tönt mein Schicksal?"
An eine alte spanische Sage erinnern auch die Worte des Gines (II. 35,1):

„Un bofeton."   „Ein Backenstreich.
„¿No lo hizo desta manera   „Macht's nicht so vor Zeiten schon
Al salir de la leonera   Manuel Ponce de Leon,
Manuel Ponce de Leon?"   Steigend aus dem Löwenzwinger?"

Es ist dies offenbar eine Anspielung auf jenen Backenstreich, welchen der Ritter Manuel Ponce de Leon in Gegenwart der Königin Isabel und des ganzen spanischen Hofes seiner Dame gab, nachdem er ihr den Handschuh, den sie in den Löwenzwinger hinabgeworfen, heraufgeholt hatte.⁴) Bei Schiller, der die gleiche Sage behandelt, wirft ihn bekanntlich der Ritter der Dame ins Gesicht.

Schon vor Calderon hat den gleichen Gegenstand Luis Velez de Guevara in dem gleichnamigen trefflichen Stück „La niña de Gomez Arias" behandelt. Dieses enthält einen ähnlichen Gang der Handlung, einen Gracioso Perico, der Calderons Gines auffallend gleicht und auch das Muster der viel bewunderten Rede der Dorotea,

---

¹ Ferreras VIII, 127 ff.
² Ferreras VIII, 199 ff.
³ Den Vertrag und die darauf folgende Empörung gibt im wesentlichen richtig Don Diegos Rede bei Calderon II. 23, 4 u. 25, 1 wieder
⁴ Vgl. Romancero general por Duran Madrid 1882, tom II. Nr 1121 p. 128 „O el brave Don Manuel Ponce de Leon llamado, Aquel que sacara el guante Que por industria fue echado Donde estaban los leones. Y el le saco muy osado" nach Perez de Hita „Historia de los bandos de Cegries" etc., aus welcher Quelle wahrscheinlich auch Calderon geschöpft hat. Vgl. auch Depping „Romancero Castellano" Leipsique 1844 I. 399.

bei Velez Dona Gracia genannt. Deshalb brauchen wir aber nicht, wie Don Ramon de Mesonero Romanos thut[1]), Klage zu erheben, dass „der grosse Calderon wie ein Plagiator kein Bedenken trug, das Drama des Velez im Nutzen seiner Composition zu verwenden." Danken wir vielmehr dem Calderon, dass er durch Vollendung der Form, durch kunstvolle Ausarbeitung der einzelnen Scenen und Situationen ein so herrliches Drama geschaffen und namentlich durch den tragischen, echt königlichen Ausgang den Guevara weit übertroffen hat, dessen Niña ein komödienhafter Gnadenakt der Königin beschliesst, während bei Calderon die Königin als Vertreterin der göttlichen Strafgerechtigkeit gewissermassen als die Krone des ganzen Werkes erscheint

Der Titelheld des Dramas, Gomez Arias, den man mit Recht einen liederlichen Don Juan genannt hat, wie er denn auch mit Tirsos „Don Juan" grosse Aehnlichkeit zeigt, erscheint bei Calderon als unmenschlicher Wüstling in fast zu grellen und düsteren Farben geschildert, so dass er nur das Gefühl des Abscheus erregen kann, das erst am Schluss des Stückes, als Gomez bei seiner Abführung zum Tod ein Zeichen der Reue kund gibt, wenigstens in etwas gemildert wird. Einen eigentümlichen Contrast zu diesem „christlichen Ritter" bildet die Zeichnung des Mohrenhäuptlings Caneri. Dieser Führer der Rebellen erscheint seinem Benehmen nach bei Calderon keineswegs als „ein schwarzes Scheusal äthiopischer Gauen" („Un adusto monstruo etiope africano" II. 24,1), wie ihn Don Diego nennt; vielmehr erwirbt ihm sein zartes und rücksichtsvolles Benehmen gegen die gefangene Christin nicht bloss Doroteas Achtung, sondern auch ein Gefühl des Mitleids bei seinem, wenn auch verdienten Untergang. Diese Zeichnung des Mohrenhäuptlings erinnert in gewisser Weise an die Darstellung der Moriscos im vorausgegangenen Stück „Amar despues de la muerte." Was endlich die Hauptheldin des Stückes, Dorotea, anlangt, so hat sie arglos dem Verführer zum Opfer gefallen den leichtsinnigen Fehltritt der Jugend nach kurzer Lust mit unsäglichen Qualen gebüsst und schliesslich durch die heroische Standhaftigkeit, mit welcher sie in der Gefangenschaft der Mauren mit der Ehre zugleich auch des Glaubens Gut sich zu sichern wusste und durch ihre Entschlossenheit wesentlich zum Sieg der christlichen Waffen beitrug, eine vollständige Läuterung erfahren und so gleichsam die Palme des christlichen Martyriums errungen.

Den Glanzpunkt des Dramas bildet unstreitig die Rede der Dorotea im III. Akt II. 39, 1—3, in welcher sie den Unbarmherzigen mit Thränen und Bitten, welche Steine hätten erweichen können, beschwört, sie nicht dem Mohren zu überliefern. Mag man auch an dieser Rede, wie Klein XI, 2, S. 296 thut, einen etwas zu bilderüppigen Wortprunk und Redeglanz mit Recht tadeln, so wird man doch in der Hauptsache V. Schmidt beistimmen müssen, wenn er S. 223 sagt: „Diese Rede scheint mir das Höchste zu sein, was ich in einem Drama dieser Art kenne. Es ist

---

[1] Dramaticos contemporaneos de Lope de Vega. Bibl. de autores esp. tom 45 II. apunt. biogr. de Luis Velez de Guevara vgl. Klein XI, 2, S. 300.

nicht das wunderbar ergreifende Versmass allein, nicht die Fülle der Bilder, nicht die Wahrheit in jedem Wort: es ist die unergründliche Tiefe und unerschwingliche Höhe des Gefühls, welche nur in den höchsten Momenten besonders begabte Gemüter ergreifen kann." Aehnlich urteilt auch Schack III, 151 f., der diese Rede den Gipfelpunkt von Calderons Poesie nennt und bemerkt: „Gewaltig und stürmisch im Ausdruck der Verzweiflung, voll tiefster und innigster Rührung in dem der bittenden Hilflosigkeit, wälzt sie sich gleich einem reissenden Strome fort, und mit unvergleichlicher Wirkung sind dabei die Worte der alten Romanze benutzt."

Von der hinreissenden Wirkung dieses Trauerspiels auf der Bühne erzählt La Huerta¹) einen schlagenden Beweis. Die Alcaldes de corte, welche die Aufsicht über das Theater führten, sassen während der Aufführung des Stücks auf der Bühne und waren hiebei von einigen Alguacils begleitet. In der Scene nun, wo Gomez Arias die unglückliche Dorotea an den Mohren verkauft, wurde einer dieser Alguacils von der Naturwahrheit der Darstellung so hingerissen, dass er mit gezücktem Schwert auf den Schauspieler, der die Rolle des Arias spielte, losgieng und diesen zwang, eilig die Bühne zu verlassen.

§ 10.
El Alcalde de Zalamea. (Der Richter von Zalamea.)²)

1. Akt. Ein Trupp Soldaten zieht mit aufgerollter Fahne unter Trommelschlag heran und hofft am Abend in Zalamea (Flecken in der Provinz Estremadura) einquartiert zu werden. Unter ihnen befindet sich der Soldat Rebolledo, welcher seinem Missvergnügen über die Strapazen des langen und mühseligen Marsches in echt soldatischer Weise Luft macht, bis die muntere Marketenderin Chispa, welche, wie sie selbst sagt, „ein Herz hat wie ein Dragoner",³) schliesslich mit dem besänftigten Rebolledo ein lustiges Tanzlied-Duett von je einem Verspaar mit Begleitung der Castagnetten singt.

Die Soldaten sind in Zalamea eingerückt und die Quartierbillets werden verteilt: Der Hauptmann Don Alvaro de Ataide erhält von dem Sergeanten sein Quartierbillet auf den reichsten Bauern des Orts, Pedro Crespo, der zugleich, wie der Sergeant bemerkt, Vater des schönsten Mädchens daselbst ist. Da erblickt er sich umsehend auf magerem Rocinante einen Mann „an Wuchs und Ansehen dem berühmten Don Quijote gleichend, dessen Abenteuer und Fahrten Miguel von Cervantes schrieb." Es ist der arme Landedelmann Don Mendo, welcher von seinem Diener

---

[1] Teatro Hespanol II, 4, p. VII.
[2] H III, 67—86. K. IV, 88—110. Ins Deutsche übersetzt von Gries V. Bd. S. 179—340 und Malsburg V. Bd. S. 1—173; ins Französische von Damas Hinard I, 186—247. Nach Hartzenbusch IV, 676 wurde das Werk zuerst im J. 1651 zu Alcala gedruckt in der Sammlung: „El mejor de los mejores libros que ha salido de comedias nuevas." Der ursprüngliche Titel lautete: „El garrote mas bien dado" = die gut angebrachte Erdrosselung.
[3] So übersetzt Gries S. 176 nach welchem citirt wird Chispas [Worte II. 67, 2: „Barbada el alma, naci"; Malsburg S. 4 übersetzt mit „barbarisch Herz".

Beginn des Amtes seiner harren, die eine, dass König Philipp noch heute oder sicher morgen in Zalamea eintreffen werde, die andere, dass der Hauptmann Don Alvaro von unbekannter Hand verwundet ganz im Stillen und mit grosser Hast von Soldaten ins Dorf zurückgebracht worden sei. Crespo tritt sofort sein neues Amt an, und seine erste Amtshandlung ist, dass er mit dem Richterstab in der Hand und von bewaffneten Bauern begleitet in die Bauernstube tritt, wo der Hauptmann sich befindet, dessen Verwundung sich nur als eine leichte herausgestellt hat. Crespo heisst alle Anwesenden sich entfernen, legt den Richterstab auf den Tisch und sucht zuerst als Vater durch eine Rede voll Weisheit und Sanftmut das Herz des Hauptmanns zu rühren. Er spricht zu ihm von der makellosen Abkunft und dem Reichtum seiner Familie; er will ihm sein ganzes Vermögen übergeben und als Bettler die Schwelle seines Hauses verlassen, ja sich als Sklave verkaufen lassen; nur solle er die geraubte Ehre seiner Tochter dadurch wieder herstellen, dass er ihr die Hand reiche. Zuletzt beugt der Greis zweimal ein Knie vor dem Schänder seiner Ehre und er, der nie geweint, fleht unter Thränen den Hauptmann an, die gerechte Forderung zu erfüllen. Allein mit empörender Roheit weist der gefühllose Hauptmann „das wahnsinnige Begehren des alten Schwätzers" zurück. Jetzt ist des Bauern Geduld erschöpft: er steht auf, nimmt den Richterstab zurück und befiehlt seinen Leuten, den Hauptmann zu verhaften. Wohl sträubt sich Don Alvaro, indem er sich auf das Soldatenrecht beruft, wornach nur ein Kriegsgericht Macht über ihn habe; allein er muss sich gefangen geben, und als er schliesslich den Bauern, die ihn verhaften, zuruft: „Tratad con respeto" — „Zeiget mir Respekt", antwortet ihm Crespo mit beissendem Sarcasmus:

„Con respeto le llevad
A las casas, en efeto,
Del concejo; y con respeto
Un par de grillos le echad
Y una cadena; y tened,
Con respeto, gran cuidado
Que no hable á ningun soldado."

„Führt denn, ihr Gerichtsgesellen,
Den Herrn Hauptmann mit Respekt
Ins Gemeindehaus und steckt
Mit Respekt die Händ' in Schellen;
Legt dazu ihm Ketten an.
Mit Respekt verhindert jeden
Seiner Schar, mit ihm zu reden.

Nachdem auch Rebolledo und die als Knappe gekleidete Chispa — der Sergeant war entwichen — in Gewahrsam gebracht sind, geht Crespo in seine Wohnung zurück. Wie er in die Stube tritt, erblickt er seinen zurückgekehrten Sohn Juan. Als Richter von Zalamea lässt er auch ihn verhaften, weil er im Walde seinen Hauptmann mit dem Degen verletzt; und als Juan über solche Strenge sich beklagt, erwidert er: „Meinem Vater auch sogar würd' ich gleiche Streng' erweisen."

Inzwischen hat der General Don Lope auf dem Marsch von einem Soldaten die Nachricht von der Verhaftung des Hauptmanns durch den Alcalden von Zalamea erhalten. Wütend eilt er mit seinem ganzen Regiment ins Dorf zurück, steigt bei Crespo ab, von dessen Alcaldenschaft er noch nichts weiss und fragt bei ihm an, ob es wahr sei, dass ein „Richterlein" im Ort seinen Hauptmann in Haft genommen habe. „Wer ist dieser Richter?" ruft Lope. „Ich", erwidert Crespo; und nun beginnt in paarweisen Doppeltrochäen der Redekampf der zwei Greise, die wie zwei Felsen fest und unentwegt einander gegenüberstehen:

Lope:	„¿Vos sabeis que mi valor. Dueño desta causa ha sido?	„Wisst ihr, dass, als General, Ich in dieser Sach' entscheide?
Crespo:	¿Vos sabeis cómo atrevido Robó en un monte mi honor?	Wisst ihr, dass der freche Heide Meines Hauses Ehre stahl?
Lope:	¿Vos sabeis cuánto os prefiere El cargo que he gobernado?	Wisst ihr, dass euch nicht gebührt, Ihn dem Kriegsrecht zu entziehn?
Crespo:	¿Vos sabeis que le he rogado Con la paz, y no la quiere?	Wisst ihr, dass ich auf den Knieen Ihn gefleht und nicht gerührt?
Lope:	Que os entrais, es bien se arguya En otra jurisdiccion.	Eingriff thut ihr, dass ihr's wisst, Der Gerichtsbarkeit der Heere.
Crespo:	El se me entró en mi opinion Sin ser jurisdiccion suya."	Eingriff that er meiner Ehre, Die ihm nicht gerichtsbar ist."

Da Crespo nicht nachgibt, lässt endlich der General, um den Hauptmann zu befreien, seine Schwadronen mit scharf geladenen Kanonen und brennenden Lunten vorrücken, und vor dem Gemeindehaus, das der Gerichtsschreiber und ein Haufe bewaffneter Bauern besetzt halten, angelangt, befiehlt er das Gefängnis in Brand zu stecken, wenn man den Hauptmann nicht herausgebe. „Und will sich das Dorf verteid'gen, steckt das ganze Dorf in Brand." Schon rüsten sich die Bauern, in welche der Geist ihres Alcalden gefahren ist, zum Angriff gegen die Soldaten, Crespo eilt mit einer neuen Schar bewaffneter Bauern zu Hilfe und: „Brecht den Kerker auf! Heran!" kommandiert Don Lope. Da tritt König Philipp II. von Spanien auf, der wie die Truppen auf dem Weg nach Portugal ist. Der General berichtet dem König die Ursache des Tumultes, die Verhaftung des Hauptmanns durch einen Bauernrichter und die Weigerung des letzteren, den Verhafteten herauszugeben. „Wer ist dieser Richter?" ruft der König. „Ich", erwidert unerschrocken Crespo und überreicht dem König die Akten. Dieser sieht die Papiere durch und erklärt, dass er zwar seine Sache gut geführt habe, aber die Vollziehung des Urteils nicht in seiner Macht stehe, und befiehlt ihm darum die Auslieferung des Hauptmanns. Crespo gehorcht und liefert den Gefangenen aus: auf seinen Wink öffnen sich die Thüren des Gemeindehauses und man sieht den Hauptmann erdrosselt auf einem Stuhle sitzen mit dem Strick um den Hals. Der König rügt in Crespos Verfahren die Ueberspringung der regelmässigen Form, sowie dass er den Hauptmann nicht mit dem Beil enthaupten liess, erklärt aber, dass rechtlich der Tod erkannt sei und überträgt dem Crespo auf Lebenszeit das Richteramt in Zalamea. Die Tochter Isabel erklärt der Vater bald einem Kloster zu übergeben, „wo sie, wie er sagt, einen Bräutigam findet, der nicht achtet auf den Stand." Sein Sohn Juan aber wird auf

Im Garten neben Crespos Hause unterhält sich Don Lope mit Crespo und seinen zwei Kindern Juan und Isabel. Da lassen sich plötzlich hinter der Scene Guitarren vernehmen; man wirft einen Stein an Isabels Fenster, Musik und Gesang ertönt:

„Las flores del romero,   „Des Rosmarines Blumen,
Niña Isabel,   Isabelchen mein!
Hoy son flores azules   Sind blaue Blumen heute;
Y mañana serán miel."   Morgen wird es Honig sein."

Es sind Chispa, Rebolledo und andere Soldaten, welche im Auftrag des Hauptmanns das verabredete Ständchen bringen, unbekümmert um Ritter Mendo, welcher mit Schild und Degen bewaffnet samt seinem Schildknappen hinter einer Hecke kauert, zum Kampf mit dem Ständchenbringer das Schwert am Schilde wetzend. Crespo und Lope verbergen mit Mühe ihre Wut; beide gehen scheinbar unbefangen ins Haus, aber nur, um mit Schild und Degen bewaffnet von verschiedenen Seiten des Hauses heraus auf die Strasse zu eilen und auf die Soldaten einzudringen. Sie treiben die Soldaten in die Flucht; auch Mendo und Nuño geraten ins Gedränge und fliehen mit. Von der Verfolgung zurückgekehrt halten sie sich gegenseitig, da sie im Dunkeln einander nicht erkennen, für Nachzügler der Soldatenkapelle und gehen auf einander los, wobei jeder des anderen Tapferkeit bewundert. Erst als Juan mit blossem Degen und Knechte mit Lichtern auftreten, erkennen sie sich und lassen vom Kampfe ab. Inzwischen haben aber auch die Soldaten wieder Kehrt gemacht und dringen vom Hauptmann geführt mit blossen Degen heran. Da tritt der General dem Hauptmann entgegen und befiehlt ihm, um ärgeren Zwist zu verhüten, mit Tagesanbruch seine Compagnie aus Zalamea zu führen. Aber auch der General muss, um seine Truppen zur Ankunft des Monarchen zu ordnen, noch an demselben Morgen nach Guadalupe ziehen; er nimmt herzlichen Abschied von Crespo und schenkt der Isabel zum Andenken ein reich mit Diamanten besetztes Kreuz. Auch Juan, der seinem Wunsche gemäss mit Don Lope ins Feld ziehen darf, nimmt Abschied vom Vater und erhält von ihm ebenso weise als praktische Lehren mit auf den Weg.

    Es ist Abend geworden. Der Abschied von dem geliebten Sohn hat den Vater weich gemacht, und um ihm noch im Mondschein mit den feuchten Augen das Geleit zu geben, lässt er eine Bank vor die Hausthüre bringen und bleibt auf ihr mit seiner Tochter und deren Muhme in traulichem Familiengeflüster sitzen. Eben lispelt Isabel dem Vater wie träumerisch zu: „Diesen Abend, wie es heisst, ist im Ort die Wahl der Aemter;" und Crespo nickt in Gedanken zu: „das geschieht hier allemal im August." Da treten plötzlich im Dunkel der Hauptmann, der Sergeant, Rebolledo, Chispa in Mannskleidern und Soldaten auf, welche nach einem verabredeten Plan wieder ins Dorf zurückgekehrt sind; und wie eben Crespo mit Isabel ins Haus gehen will, stürzen sie auf beide los. Der Hauptmann ergreift Isabel und trägt sie fort, während seine Helfershelfer den Vater nach verzweifeltem Kampf zu Boden werfen und gebunden dem Wald zuschleppen. Von Jammer überwältigt ruft Crespo:

„Hija, solamente puedo	„Tochter, nur mit meinen Seufzern
Seguirte con mis suspiros".	Kann ich dir zu folgen streben."

Von der einen Seite ertönt der Angstruf der Jungfrau, von der anderen der Crespos. Juan, der noch nicht weit auf dem Marsch vorgerückt ist, da sein Pferd beim Eintritt ins Gebirge ihm stürzte, hat das jammernde Aechzen auf beiden Seiten vernommen und eingedenk der vom Vater vor der Abreise erhaltenen Mahnung, vor allem den Frauen zu Hilfe zu kommen, eilt er nach jener Richtung, von wo die weiblichen Klagerufe ertönen.

III. Akt. Waldgebirge; Morgendämmerung.

Isabel tritt auf, um im Dickicht des Waldes ihre Schande vor der Welt und vor sich selbst zu verbergen, und bricht in ergreifende Klage aus über die erlittene Schmach:

„Nunca amanezca á mis ojos	„O dass nimmer meinen Augen
La luz hermosa del dia,	Strahlen mag des Tages Schimmer,
Porque á su sombra no tenga	Dass ich nicht bei seinem Glanze
Vergüenza yo de mi misma."	Vor mir selber Scham empfinde."

„Detente, oh mayor planeta	„Du, des Tages grosser Stern!
Mas tiempo en la espuma fria	Weile länger noch im frischen
Del mar: deja que una vez	Meeresschaum, und einmal nur
Dilate la noche esquiva	Lass die scheue Nacht ihr zitternd
Su trémulo imperio." —	Reich verlängern." —

Da hört sie in der Nähe eine andere Stimme, welche klagend den Tod herbeiwünscht: „Wie," stöhnt sie, „noch ein andrer ruft den Tod?" Sie nähert sich der Gegend, woher die Stimme ertönte, und erblickt das Gebüsch auseinanderbiegend ihren Vater an einen Baum gebunden. Der Vater bittet die Tochter, seine Fesseln zu lösen; allein diese zaudert, da sie glaubt, dass der Vater „frei die Hand" ihr den Tod geben werde, bevor sie ihm ihre Schmach berichtet. So erzählt sie denn dem gebundenen Vater ihr jammervolles Geschick, wie ihr Bruder zu spät zu Hilfe geeilt sei und mit dem Hauptmann und seinen Gesellen gekämpft habe, wie sie selbst durch des Berges dichte Waldung entflohen sei, aber „durch der Zweige Gitter" gelauscht und des Hauptmanns Blut von des Bruders Klinge fliessen gesehen habe. Darauf bindet sie den Vater los und kniet vor ihm nieder mit den Worten:

„Tu hija soy, sin honra estoy	„Deine Tochter bin ich ehrlos,
Y tu libre: solicita	Und du frei; deshalb gewinne
Con mi muerte tu alabanza	Würd'ges Lob durch meinen Tod
Para que de ti se diga	Lass den Ruf von dir berichten,
Que por dar vida á tu honor"	Dass, um Leben deiner Ehre,
Diste la muerte á tu hija."	Du den Tod gabst deinem Kinde."

Allein der Vater richtet seine Tochter vom Boden auf und das Racheschwert für den Schänder seiner und der Tochter Ehre aufsparend schreitet er mit Isabel dem Wohnort zu. Da kommt ihnen auf dem Weg der Gerichtsschreiber mit der Meldung entgegen, dass Crespo einstimmig vom Gemeinderat zum Alcalden (Richter) gewählt worden sei und berichtet zugleich, dass bereits zwei wichtige Sachen beim

Nuño begleitet um Crespos Wohnung schleicht, um Isabel, der schönen Tochter des Hauses, den Hof zu machen. Seine armselige Lage und intellektuelle Beschränktheit sucht der Dorfedelmann, welcher, um mit Klein XI, 2, S. 206 zu reden, „am Hungertuch mit Wappenkrönchen in den Zipfeln nagt", hinter prahlerischen und hochtrabenden Worten zu verstecken. „Bauern mögen Hunger haben", spricht er, „ein Edelmann bedarf nicht, sich zu füttern." Isabel zeigt sich mit ihrer Muhme Ines am Fenster, um den Einzug der Soldaten zu schauen; allein sobald sie den Mendo erblickt, lässt sie von Ines ihm das Fenster vor der Nase zuschlagen. Indem hierauf Mendo mit seinem Diener abgehen will, stösst er auf Pedro Crespo und seinen Sohn Juan, welche beide halblaut ihrem Unwillen über den gravitätisch auf- und abgehenden Betteljunker, oder wie Juan sich ausdrückt, „das Gespenst mit Hut und Handschuh" Ausdruck verleihen. Beide sprechen noch vor dem Hause, da kommt der Sergeant mit einem Mantelsack und kündigt dem Crespo an, dass der Hauptmann Don Alvaro bei ihm Quartier nehme. Während Crespo bereitwillig dem König auch in seinen Offizieren „sein ganzes Haus und Gut" allzeit zur Verfügung stellt, meint Juan, nachdem der Sergeant ins Haus getreten ist, der Vater solle sich durch den Kauf eines Adelsbriefs die Einquartierungslast vom Halse schaffen. Allein Crespo lacht ihn aus und spricht:

„Pues ¿ qué gano yo en comprarle
Una ejecutoria al Rey,
Si no le compro la sangre?
Yo no quiero honor postizo
— Villanos fueron
Mis abuelos y mis padres;
Sean villanos mis hijos."

„Was gewinn' ich denn, erhandl' ich
Einen Adelsbrief vom König,
Wenn ich nicht das Blut erhandle?
Fort mit nachgemachter Ehre.
— Bauern
Waren meine Vorfahrn alle;
Bauern seien meine Söhne!"

Seine Tochter Isabel weist Crespo wegen der Einquartierung in die Oberstube hinauf; Isabel willigt mit Freuden ein, um so nicht, wie sie sagt, tausend Albernheiten anhören zu müssen. Der Hauptmann bezieht sein Quartier; seine Neugierde wird eben durch die Unsichtbarkeit der Tochter des Hauses gereizt. „Nur weil sie der Alte hält gefangen", spricht er, „macht er mir Lust, zur Tochter zu gelangen". Eine List soll ihm ihren Anblick verschaffen, und zur Ausführung derselben bedient er sich des eben herbeigekommenen gewandten Rebolledo, der für die Vergünstigung, öffentliche Glückspiele in der Compagnie abhalten zu dürfen, sich erbietet, unter dem Schein als fliehe er vor dem ihn unter Schelten und Schreien verfolgenden Hauptmann und als suche er Schutz im Zimmer des Oberstockes, die Thüre des Zimmers, in dem Isabel sich eingeschlossen, zu sprengen. Die List wird sofort ins Werk gesetzt und gelingt: Rebolledo stösst die Thüre auf und ihm nach dringt der Hauptmann mit blossem Degen. Isabel bittet um Schonung für den Schutzflehenden, welche der Hauptmann sofort gewährt mit den Worten: „Nimmer hätt' ein anderer Schild ihn gedeckt vor meinem Zorn, als nur Eure hohe Schönheit; sie ist seines Lebens Hort." Schon huldigt der Hauptmann dem Zauber ihrer Schönheit und anmut-vollen Rede; da treten auch Crespo und Juan, welche den wahren Sachverhalt

sofort ahnen, mit blossem Degen auf und der Streit beginnt. Der Vater verweist dem Sohn seine vorlaute ungestüme Hitze, tritt jedoch nachdrücklich für ihn ein, als der Hauptmann ihn verunglimpft. Der Sohn aber, seines Vaters würdig, steht für sich selber ein mit den Worten:
„Perder la vida por la opinion." „Mein Leben wag' ich, wenn's der Ehre frommt."
Und als der übermütige Hauptmann ihm entgegnet:
„¿Que opinion tiene un villano?" „Was für Ehre hat ein Bauer?"
erwidert ihm Juan:

„Aquella misma que vos; „Eurer gleich an Schrot und Korn;
Que no hubiera un capitan, Denn Herr, gäb' es keinen Bauer,
Si no hubiera un labrador." Gäb' es keinen Hauptmann wohl."

Beide ziehen die Degen; da erscheint in prächtiger Generalskleidung mit dem Commandostab der General Don Lope de Figueroa. „Was geht hier vor," ruft er, „wollt ihr sprechen? Sonst, bei Gott! werf ich Männer, Frau'n, die ganze Wirtschaft aus dem Fenster dort." Endlich verrät Rebolledo, um der Strafe des „zweimal Wippens" („Dénle dos tratos de cuerda") zu entgehen, die List des Hauptmanns, worauf der General die ganze Einquartierung aus dem Haus jagt und selbst in Crespos Haus sein Quartier bezieht. Nachdem alles ausser dem General und Crespo sich entfernt hat, folgt das überaus charakteristische und originelle Zwiegespräch der beiden an Stand so verschiedenen und in der Denkungsart so ähnlichen Männer: Crespo flucht, wenn der General flucht, ist grob, wenn er grob ist, ist höflich, wenn er höflich ist, so dass am Schluss jeder der beiden bei Seite bemerkt:

D. Lope: „Testarudo es el villano „Dieser Bauer ist sehr störrig;
Tan bien jura como yo." Flucht er doch, wie ich, so toll!"
Crespo: „Caprichudo es el Don Lope: „Der Don Lope ist sehr beissig;[1])
No harémos migas los dos." Wir vertragen uns nicht wohl!"

II. Akt. Gasse vor Crespos Haus. Abend.

Den II. Akt eröffnet der Ritter von der traurigen Gestalt, Don Mendo, welcher seinen Schildknappen Nuño nach Waffen zum Duell mit seinem Nebenbuhler, dem Hauptmann, ausschickt. „Was für Waffen hast du, Herr," spottet der boshafte Diener, „als die von Steine, die dort über dem Gesimse deiner Hausthür eingemeisselt?" „Doch", erwidert Mendo, „in meiner Rüstungskammer findet sich noch wohl dergleichen, was zu brauchen ist." Worauf Nuño: „So lass uns, eh's der Hauptmann spürt, entweichen." (Beide ab.)

Der Hauptmann aber klagt jetzt seinen Kriegsgefährten, dem Sergeanten und Rebolledo, seine glühende Leidenschaft zu Isabel. Da rät ihm Rebolledo, der Geliebten ein Nachtständchen zu bringen: ein Soldat von seiner Compagnie singe unvergleichlich und die Chispa, durch ihn jetzt „Frau Spieldirektorn" („alcaida de boliche"), sei einzig im Romanzenvortrag. Der Hauptmann willigt ein.

---

[1] Dazu bemerkt klein XI, 2, S. 217. „Und doch vertragt ihr euch! Wie ein paar Kerle, die aus Einem Kernholz geschnitten! Wie ein Paar kreuzbrave Brüder, die sich beständig zanken, und, wo es darauf ankommt, Ein Herz und Eine Seele sind. Ein phänomenaler Schlussdialog."

Verwendung des Generals, wie Rebolledo und Chispa, aus der Haft entlassen und folgt dem Heere des Königs.

Am Schluss wird das Drama eine wahrhafte Geschichte genannt. „Hiemit," sagt Crespo, „schliesst der Autor ab diese wahrhafte Geschichte." II. 86, 3 · „Con que fin el autor da á esta historia verdadera." Die Zeit, in welcher das Stück spielt, gibt dieses selbst ziemlich genau an. Crespo sagt nämlich zu seiner Tochter Isabel II. 70, 3:

„Hija, el Rey nuestro señor,   „Tochter, unser Herr der König
Que el cielo mil años guarde,   Den Gott tausend Jahr erhalte!
Va á Lisboa, porque en ella   Geht nach Lisbon, weil er dort
Solicita coronarse   Denket krönen sich zu lassen
Como legitimo dueño."   Als rechtmässiger Beherrscher."

Die Handlung fällt also mit dem Zug der spanischen Truppen nach Lissabon zusammen, wo König Philipp II. sich zum König von Portugal krönen lassen will. Es war dies, wie Ferreras [1]) berichtet, im Frühling des Jahres 1581. Die Quelle der Begebenheit selbst, auf welche die Handlung sich gründet, hat man bis jetzt nicht zu entdecken vermocht. Ferreras allgemeine Historie Spaniens, das sehr ausführliche Leben Philipps II. von seinem Zeitgenossen Luis Cabrera, die von einem alten Diener desselben Königs aufgezeichneten „Dichos y héchos", die Werke des Engländers Watson und des Italieners Leti enthalten von einem solchen Vorgang nichts. Darin aber stimmen alle Nachrichten überein, dass sich die Soldaten bei jenem Zug grosse Ausschweifungen und Unordnungen erlaubten. So berichtet z. B. Ferreras a. a. O., dass Philipp auf die starken Beschwerden, die man bei ihm gegen die castilianischen Offiziere und Soldaten anbrachte, die Doctoren Villafagna und Tedaldi, Rat von Galizien, beauftragt habe, allenthalben dieserhalb Untersuchungen anzustellen, dass in Folge dessen unter den Soldaten, welche sich beklagten, „dass man solchergestalt diejenigen belohnete, welche mit ihrem Blute, Hunger und Abmattung in so kurzer Zeit der Krone von Castilien ein so schönes Kleinod beigefügt hätten", ein Aufruhr entstanden und derselbe erst nach einiger Zeit gestillt worden sei. Ein italienischer Berichterstatter Evangelista Orteuse „successi della guerra di Portogallo", Venet. 1582 misst namentlich den Italienern und Deutschen einen erklecklichen Anteil an den vorgefallenen Unordnungen zu und erzählt von einem Galeerenhauptmann und anderen Offizieren, welche wegen Verletzung eines portugiesischen Klosters geköpft und gehängt worden seien.

Was sodann die Personen und Oertlichkeiten des Dramas anlangt, so wird in dem eben erwähnten italienischen Werk ein Hauptmann Ataide — der Calderonsche Hauptmann heisst Don Alvaro de Ataide — unter den Offizieren der Krönungsfahrt erwähnt, jedoch als ein von der Amnestie ausgenommener Portugiese. Eine Hauptfigur des Dramas, der General Don Lope de Figueroa,[2]) erscheint in den gleichzeitigen spanischen Chroniken als ein tapferer Feldoberster, welcher in Flandern und Italien

---
[1] Allgemeine Historie von Spanien. Halle 1760 X, 368 ff.
[2] Die Hauptquellen über Lope sind Suarez, Hist. de Guadix L. II. cap. II. und Escalante, Dialogos Milit. dial. III. Fol. 44 ff.

kämpft und im Kampf gegen die Portugiesen hauptsächlich zur See verwendet wird. Unter den Oertlichkeiten des Stücks erwähnen sie ebenfalls als Rastort auf dem Hin- und Herzug Guadalupe (bei Calderon H. 68,1); auch Llerena (H. a. a. O.) wird angeführt, dagegen der Hauptort des Stückes Zalamea verschwiegen.

Fragen wir weiter nach der Originalität des Dichters bei diesem seinem Meisterdrama, so muss allerdings zugegeben werden, dass er sich stark an ein gleichnamiges Stück seines grossen Vorgängers in der dramatischen Kunst, des Lope de Vega, anlehnt. Schon La Huerta hat in seinem Katalog von Lopes Schauspielen „El Alcalde de Zalamea" verzeichnet; allein bei der Unzuverlässigkeit und verschiedenen handgreiflichen Unrichtigkeiten dieses Katalogs hat man lange an dem wirklichen Vorhandensein dieses Dramas gezweifelt, bis Schack den im Besitz des Don Agustin Duran befindlichen „Alcalde de Zalamea" von Lope vorfand und in den Nachträgen zu seinem Werk S. 85 darauf aufmerksam machte. Neuerdings gelang es Max Krenkel, wie er in der Einleitung zum II. Band seiner klassischen Bühnendichtungen der Spanier[1]) bemerkt, von diesem Drama Lopes durch die Unterstützung des Herrn E. Dorer eine Abschrift zu erwerben. Zugleich macht Krenkel die erfreuliche Mitteilung, dass er Calderons Alcalden von Zalamea samt dem Lopeschen Vorbild als III. Band seiner verdienstlichen Sammlung herauszugeben und zu erklären beabsichtige.

Eine Vergleichung nun mit diesem Vorbild zeigt, dass Calderon aus Lopes Werk im wesentlichen die Disposition der Handlung, die Charakteristik der Hauptpersonen, sowie die Anlage der ergreifendsten Scenen entlehnt hat, so dass als ungeschmälertes Eigentum unseres Dichters nur die meisterhafte sprachliche Ausführung und wohl auch die Individualisierung einzelner Persönlichkeiten des Dramas festgehalten werden kann. So wird also freilich im vorliegenden Fall Calderons Verdienst durch die starke Benützung eines anderen erheblich gemindert; übrigens darf man nicht vergessen, worauf Schack in seiner Einleitung zu „Calderons ausgewählten Werken[2])" aufmerksam macht, dass wie in Griechenland zur Zeit der Blüte seines Theaters und in England zur Zeit Shakspeares, so auch im Spanien des 17. Jahrhunderts nicht die bei uns geltenden Grundsätze über litterarisches Eigentum herrschten, dass die griechischen Tragiker, welche ja fast immer die gleichen Stoffe behandelten, sich nicht gescheut haben, dasjenige, was ihren Vorgängern bereits gelungen war, stark zu benützen, dass ganz ebenso Shakspeare mit vielen altenglischen Stücken und die französischen Dramatiker wie Molière mit spanischen Schauspielen verfahren sind und oft gerade durch dieses Verfahren unvergängliche Werke entstanden sind. So darf man also auch Calderons Verdienst im allgemeinen nicht deshalb herabsetzen, weil er ebenso handelte, wie jene, um so weniger, da er — abgesehen von der Originalität, auf welche er in vielen und gerade seinen vorzüglichsten Werken, besonders in den Autos sacramentales, Anspruch machen darf —

[1] „Calderon, der wunderthätige Zauberer." Leipzig, J. A. Barth 1883. S. X.
[2] I. Band. Stuttgart 1883. S. 18 und 19.

durch jenes Verfahren Unvollkommenes und Geringes, was ohne ihn gar nicht fortgedauert hätte, erst lebensfähig gemacht und auf eine ungleich höhere Stufe gebracht hat.

Jedenfalls aber gehört der „Alcalde von Zalamea" in der durch Calderon überlieferten Form zu den herrlichsten Werken nicht bloss des spanischen Dichters, sondern der dramatischen Poesie überhaupt. „Besonders bewundernswert", sagt ein geistvoller Kenner der spanischen Litteratur, Louis Viel-Castel [1]), „erscheint die Steigerung des Interesses bis zu der furchtbaren Catastrophe und die Kunst, mit welcher diese selbst vorbereitet und behandelt ist. Die Handlungsweise Crespos, wie gewaltthätig sie auch ist, hat doch nichts Empörendes, nein, sie rechtfertigt sich vor unserem Gefühl; das an seiner Tochter verübte Verbrechen ist so furchtbar, die Strafe an sich selbst so gerecht und die Wahrscheinlichkeit, dass der Schuldige in jedem anderen Falle entronnen sein würde, so gross; Crespo endlich handelt anfangs, als er noch eine gütliche Genugthuung hofft, mit solcher Mässigung, und dann mit solcher Festigkeit und Energie, dass alle Teilnahme sich der von ihm verübten Rache zuwendet und dieses Gefühl uns mit dem Blutigen und Grausamen, was die That an sich hat, vollkommen versöhnt."

Ebenso vortrefflich wie die Composition des Dramas ist auch die Charakteristik der auftretenden Personen. Da ist vor allem der Held des Dramas, Pedro Crespo, das vollendete Musterbild eines spanischen Bauers, welcher treu seinem König ergeben, aber mit unerschütterlicher Consequenz selbst den Mächtigsten der Erde gegenüber an dem festhaltend, was er seinem guten Recht und seiner Ehre schuldig zu sein glaubt, dem General die herrlichen Worte zuruft (II. 73,2):

„Al Rey la hacienda y la vida „Meinem König Gut und Leben,
Se ha de dar; pero el honor   Das ist Pflicht; die Ehre doch
Es patrimonio del alma,   Ist das Eigentum der Seele,
Y el alma solo es de Dios."   Und der Seele Herr ist Gott."

Ganz im Geist des Vaters ist auch die Figur des Sohnes Juan gezeichnet, der „sein Leben wagt, wenns der Ehre frommt" und dem Hauptmann und seiner bloss standesgemässen, aber vor Lastern und Schändlichkeiten nicht zurückschreckenden Scheinehre gegenüber die echte, allein bewährte Menschenehre, welche auch in des Bauern Herz wohnt, mit allem Nachdruck betont. Sodann erscheint als Parallelfigur zu Pedro Crespo „der Mars von Spanien" (II. 70,3 español Marte) der im Kriegshandwerk ergraute und rauh gewordene, aber im Grund edle und gutherzige General Don Lope de Figueroa, nach Klein XI, 2, S. 211 ein lebenswahres, grossartig anmutiges, mit leichtem humoristischem Pinsel entworfenes Charakterbild, desgleichen das spanische Drama kaum ein zweites aufstellen möchte. Einen lebensvollen Contrast zu den beiden Hauptfiguren Crespo und Don Lope bilden der hochmütige, ausschweifende und gefühllose Hauptmann Don Alvaro, den für seine schändliche Verletzung der Ehre eines bisher unbefleckten Hauses die gerechte Nemesis durch den beleidigten

---

[1] In der Revue des deux mondes, mitgeteilt von Schack III, 167 f

Vater und Richter zugleich ereilt; und sodann der hungrige Landedelmann Don Mendo, der samt seinem Schildknappen Nuño zur Vertretung des komischen Elements vom Dichter selbst (II. 68, 2) als würdiges Abbild von Cervantes' Don Quijote eingeführt wird. Offenbar war der Don Quijote ein Lieblingsbuch Calderons, was schon daraus hervorgeht, dass in dem Verzeichnis der Calderonschen Stücke ein Schauspiel „Don Quijote de la Mancha" sich findet, das leider verloren gegangen ist. Unter den spärlich im Stück vertretenen Frauenspersonen erregt gleich beim ersten Auftreten die ebenso durch Sittsamkeit, wie durch Anmut und Geist ausgezeichnete Tochter Crespos, Isabel, unsere Teilnahme, und diese Teilnahme erreicht ihren Höhepunkt, wenn wir beim Beginn des III. Aktes ihre ergreifenden Jammerklagen vernehmen. Ganz aus dem Leben gegriffen sind ferner die Gestalten der munteren, leichtfertigen Marketenderin Chispa, sowie des pfiffigen und erfindungsreichen Soldaten Rebolledo, der sich selbst (II. 71,2) „einen braven Kerl und Mann von Ehre" nennt. Endlich verdient auch die am Schluss des Stückes zwar nur kurz, aber ernst und würdig auftretende Erscheinung des Königs Philipp II. rühmende Erwähnung. Das Auftreten des Calderonschen Philipp, der die Sentenz des Dorfschulzen gegen den Hauptmann bestätigt und ihm das Richteramt in Zalamea auf Lebenszeit überträgt, steht ganz im Einklang mit den spanischen Chroniken jener Zeit, wornach Philipp bei all' seiner Strenge einer der populärsten Fürsten Spaniens war, der sich leicht und gern zu dem Volk herabliess, sich mit gerechtem Ernst in seine Händel und Angelegenheiten mischte und sich zum Grundsatz gemacht hatte, den Geringeren gegen den Höheren zu begünstigen.

Auf Scenen von hervorragender Schönheit macht die vorausgegangene Analyse des Inhalts von selbst aufmerksam. Ich erinnere noch besonders an die ersten Scenen des I. Aktes, welche vor uns ein soldatisch getreues Marschbild auf der Heerstrasse und Einquartierungsbild in Zalamea entrollen. Ganz charakteristisch und dem wirklichen Leben abgelauscht sind die Soldatenwitze und Soldatenlieder, welch' letztere sicher älteren Ursprungs sind. Idyllisch prächtig ist auch im gleichen Akt die Schilderung, welche der von der Tenne kommende Vater von dem reichen Ertrag seines Getreides entwirft (II. 70,1):

„Que parecen al mirarse   „Das, wenn man's von fern betrachtet,
Desde léjos montes de oro,   Aussieht, wie ein Berg von Gold,
Y aun oro de mas quilates,   Und zwar Gold vom feinsten Schlage,
Pues de los granos de aqueste   Weil bei ihm der ganze Himmel
Es todo el cielo el contraste."   Selbst Wardein ist des Gehaltes."

Der II. Akt zeichnet sich aus durch die ergreifende Abschiedsscene zwischen Vater und Sohn (II. 78,3 f.), welche nach V. Schmidt S. 228 als Muster aller Familienscenen gelten kann. Von erschütternder Wirkung aber ist der Schluss des II. Aktes, der Ueberfall von Vater und Tochter (II. 79,3 f.), wenngleich nicht zu leugnen ist, dass die Scene fast ans Grausig-Peinliche streift. Der III. Akt enthält gleich im Anfang (II. 80,2 f.) ein überaus wirkungsvolles, auf theatralischen Effekt berechnetes und solchen erzielendes Bild: den Vater im Waldesdickicht an einem Baum festgebunden und vor ihm die Tochter kniend, wie sie in einer langen

pathetischen, allerdings etwas „gongoristisch" angehauchten Rede ihr Leid berichtet. Ueber jene berühmte Scene endlich, in welcher der Alcalde vor dem nichtswürdigen Hauptmann kniet und ihn anfleht, die Ehre der Tochter wiederherzustellen, führe ich das bewundernde Urteil Kleins (XI, 2, S. 233) an, der dem Dichter nur in wenigen seiner Dramen gerecht wird, im Alcalden von Zalamea aber ein Musterdrama erblickt: „Crespo — mit dem Richterstab bewaffnet, Crespo knieen vor dem Schandbuben, der —?" „so schreit jeder, der es hört, die Hände vor staunender Entrüstung über dem Kopf zusammenschlagend — kniet, ja! und — lasst immerhin um einen Zoll noch tiefer, vor ungläubiger Verblüffung, den Unterkinnbacken hängen!
— . . . . . Und doch hat das dramatische Genie — Lopes, Calderons, gleichviel wessen — . . . . . bei diesem Charakter gerade das einzig Richtige getroffen: denn dieser köstliche, höchst sympathische, herzanmutendeisenköpfige Charakter, einer der dramatisch genialischsten, die gedichtet worden, er verbindet Milde und Stärke, Strenge mit verhaltenem Wohlwollen und verheimlichter Herzensgüte, salamonisch weise Selbstbeherrschung mit unerschütterlicher Willenskraft, des Bauern Eigensinn und Starrkopf mit grossartigem Seelenadel — kurz, den gebornen Richter mit dem bauernstolzen Familienvater im edelsten Stil."

Was den Charakter oder die Tendenz unseres Stückes anlangt, so bemerkt V. Schmidt S. 229, dass, wenn dieses Schauspiel jetzt geschrieben wäre, man es ein Revolutionsstück nennen würde, fügt aber sofort die richtige Bemerkung bei: „allein wer ganz in der poetischen Anschauung und Darstellung lebt wie Calderon, wird wohl nie derlei missliche praktische Zwecke mit seinem Kunstwerk verbinden wollen." Eine gewisse Aehnlickeit zeigt das Drama mit Calderons „El pintor de su deshonra" und nähert sich unserer bürgerlichen Tragödie. Jedenfalls lässt sich des Dichters Tendenz nicht verkennen, in dem wackeren Bauern Crespo und seinem Sohn den hohen Naturadel den beiden Ausartungen des Geburtsadels in dem Uebermut des Hauptmanns und der Lächerlichkeit des Don Mendo siegreich gegenüberzustellen.

Fasst man noch die Form und Behandlung der Sprache ins Auge, so ist die Einfachheit des Stils und das entschiedene Uebergewicht der Handlung — wohl Einfluss des Lopeschen Originals — über die Reflexion und das lyrische Element leicht bemerklich. Ja man kann wohl sagen, dass der Alcalde von Zalamea unter allen Dramen des Dichters am wenigsten Lyrik enthalte. Dagegen tritt dieselbe in zwei Fällen, ganz entsprechend der Situation, in den Vordergrund, nämlich am Anfang des II. Aktes, wo der verliebte Hauptmann seinen Kriegsgefährten seine glühende Liebe zu Isabel klagt, sodann am Anfang des III. Aktes, wo Isabel ihren Jammer verkündet. Im letzteren Fall verdeckt und mildert sie zugleich, wie Malsburg a. a. O. p. XI richtig bemerkt, das Widerwärtige und Entsetzliche des Inhalts mit einer Kunst, welche für die lobenswürdigste Absichtlichkeit des Dichters zeugt.

Dass ein Drama, welches nicht nur eine vollendete Charakterzeichnung aufweist, sondern auch in seinen Wendepunkten von erschütternder Tragik ist, bald auch auf der Bühne des Auslands bekannt werden musste, leuchtet von selbst ein. Zuerst erschien in Linguets „Théâtre Espagnol" II, 1 eine französische Uebersetzung unter dem Titel „Le viol puni", darauf nach dieser Uebertragung die erste deutsche Bearbeitung des Stücks unter dem Titel „die bestrafte Entführung" in dem zu Braunschweig 1771 gedruckten „Spanischen Theater." Wahrscheinlich wurde das Stück in dieser Gestalt nicht aufgeführt; dagegen wurde es die Quelle zweier Bearbeitungen, einer französischen durch den Schauspieler Collot d'Herbois, dessen Umarbeitung von ihm den Titel „Le paysan Magistrat" erhielt und auf vielen Theatern Frankreichs mit ungeheurem Erfolg aufgeführt wurde, sowie einer deutschen Bearbeitung durch Schroeder unter dem Titel „Amtmann Graumann", eine der Musterrollen dieses grossen Schauspielers. Mit dem Nebentitel „die Begebenheiten auf dem Marsch" ist Schröders Bearbeitung abgedruckt in der von Professor Klein 1781 herausgegebenen „Mannheimer Schaubühne". Eine andere Bearbeitung des Stücks lieferte nach Collot d'Herbois Stephanie der Jüngere, aber, wie er sich ausdrückt, frei und nach deutschen Sitten geformt, unter dem Namen „der Oberamtmann und die Soldaten".[1] Merkwürdigerweise hat Stephanie — abgesehen von vielen anderen Aenderungen — den Entehrer aus einem Hauptmann in einen Studenten umgewandelt, und zwar deshalb, weil eine solche Schandthat „sich gar nicht mit der Verfassung unserer vaterländischen Truppen vertrage!" — aber mit der Verfassung deutscher Studenten?! — Im Gegensatz zu Stephanie ist allerdings Schroeder dem Gang des spanischen Originals in manchen Punkten treuer geblieben; allein wenn man bedenkt, dass auch bei ihm neben anderen wichtigen Momenten das am meisten charakteristische, welches dem beleidigten Vater die Rache und den Richterstab zugleich in die Hände legt, fehlt, sowie dass beide das furchtbare Strafgericht durch glückliche Heiratsaussichten zu umgehen wissen, so sieht man leicht, dass in beiden Bearbeitungen gerade wesentliche Schönheiten des Originals geopfert sind. Erst das Jahr 1823 machte das deutsche Publikum mit dem Drama in seiner eigentlichen Gestalt bekannt, indem in diesem einen Jahr zwei getreue Uebersetzungen desselben erschienen, die eine durch O. von der Malsburg, die andere in mustergültiger Weise durch J. D. Gries, neuerdings wieder abgedruckt im II. Band der zu Stuttgart (bei Cotta und Kröner) erschienenen „ausgewählten Werke Calderons". Mit teilweiser Benützung der Griesschen Uebersetzung bearbeitete Feodor Wehl in 5 Akten den „Alcalden von Zalamea" für die deutsche Bühne.

Leider machen unsere deutschen Bühnen auch von diesem herrlichen Schauspiel des spanischen Dichters höchst selten Gebrauch. Eine rühmliche Ausnahme macht das Wiener Hofburgtheater, auf welchem, wie die Zeitschrift „Ueber Land und Meer" berichtet,[2] am 30. Mai 1882 und 1. Sept. 1883 das glänzend gespielte Stück enthusiastische Aufnahme fand. Was endlich Calderons Alcalden auf der heutigen spanischen Bühne anlangt, so wurde derselbe, wie Fastenrath in seiner Festschrift „Calderon in Spanien" S. 60 bemerkt, in der Calderonwoche Mai 1881,

[1] Abgedruckt in dessen „Sämtlichen Schauspielen." Wien 1781, 6. Band.
[2] Jahrgang 1883 Nro 51 S. 1028.

nachdem er seit langer Zeit nicht mehr gegeben worden war, im Teatro Español zu Madrid aufgeführt. Darnach war bei dieser Aufführung, welcher auch der König, die Königin und die Infantinnen anwohnten, der Alcalde, den Calderon unsterblich gemacht, doppelt vertreten: auf der Bühne durch den Nestor der spanischen Schauspieler, Don José Valero, der den Pedro Crespo mit bewunderungswürdiger Frische darstellte, und in der Loge des Stadtrats durch den gegenwärtigen Alcalden von Zalamea, Señor Don Jldefonso de Mena, welcher die allgemeine Aufmerksamkeit auf sich zog.

Zum Schluss mögen noch die erste und letzte Strophe einer herrlichen Romanze folgen, in welcher der Spanier Enrique de Cisneros bei der Calderonfeier in Spanien 1881 den „Alcalden von Zalamea" redend eingeführt: [1]

„Vive Cristo que ha llegado	„Bei dem Christ! nach Zalamea
A Zalamea el rumor	Ist gedrungen das Geräusch
De esta fiesta, y he querido	Dieses Festes. Es zu feiern
Tambien presenciarla yo,	Hab' auch ich mich sehr gesehnt,
Que soy alcalde perpétuo	Der Alcalde lebenslänglich
Por el rey nuestro señor;	Durch den König unsern Herrn,
Y mas perpétuo por obra	Doch durch Calderon noch mehr es
De don Pedro Calderon,	Wurde, durch des Dichters Werk,
Que de un rústico labriego	Der als besten der Alcalden
Hizo el alcalde mejor.	Einen Bauer hingestellt.

¡La suya[2] difunde rayos	Seine Seele sendet Strahlen,
De viva luz!... ¡Gloria el sol	Von lebend'gem Lichte!... Glänz'
De la escena castellana,	Hell im Ruhm, Kastiliens Sonne:
Esclamemos á una voz!	Lasst uns rufen ihm zur Ehr'!
Y aquel que en tan noble fiesta,	Und wer bei so edler Feier,
Dedicada al grande autor,	Wer bei dem erhabnen Fest,
No sienta que el entusiasmo	Das geweiht dem grossen Dichter,
Rebosa en su corazon,	Von Begeist'rung nicht entbrennt,
¡Lo juro por esta vara!	Ist — ich schwör's bei diesem Stabe! —
No es cristiano, ni espanol."	Ist kein Christ, kein Spanier mehr."

[1] Abgedruckt im „Album Calderoniano". Madrid 1881. S. 33. Die Romanze des Cisneros ist ins Deutsche übersetzt durch Dr. Fastenrath in seiner Schrift „Calderon in Spanien." S. 20 und 21.
[2] Vorausgeht „el alma".

Druckfehler.

Seite 5 Zeile 27 von oben lies: bekannt.
„ 7 „ 20 „ „ „ Gesundheitszustandes.
„ 13 „ 12 „ „ „ bekannt.
„ 15 „ 15 „ „ „ los.
„ 15 „ 18 „ „ „ Genugthuung.
„ 18 „ 6 „ „ „ geläufigen.
„ 29 „ 8 „ „ „ En.
„ 34 „ 12 „ unten „ erschienen.
„ 38 „ 7 „ „ „ gefällt.
„ 52 „ 24 „ oben „ ihm.
„ 52 „ 28 „ „ „ Schauplatz.
„ 58 „ 1 „ unten „ 392.
„ 63 „ 9 „ oben „ á.
„ 63 „ 6 „ unten „ gepflogen.
„ 75 fehlt Anmerkung ¹) unten: II. 693, 1 vgl. V. Schmidt S. 240.
„ 86 Zeile 15 von oben lies: den.

Kleinere Versehen bezüglich der Interpunktion u. a. wolle der geneigte Leser selbst verbessern.